Cancioneiro

Cancioneiro
Fernando Pessoa

MARTIN CLARET

Apresentação

Elucubrações sobre o *Cancioneiro* de Fernando Pessoa

Jean Pierre Chauvin[1]

> *Todo o estado de alma é paisagem.*
> (Fernando Pessoa)

A trajetória de Fernando Antônio Nogueira Pessoa (1888-1935) é uma das mais extraordinárias de que se tem notícia. Autor de volumosa produção em prosa e verso, o poeta forjou pelo menos cento e trinta e seis personalidades literárias, sendo que várias delas não se confundem com pseudônimos.

Evidentemente, o estatuto de um heterônimo é mais complexo que o do pseudônimo, pois não se restringe à assinatura com outro nome, mas à criação de uma personagem com biografia, discurso e pensamento próprio — dados que se refletem na temática dos poemas, no estilo empregado e a própria dicção que cada *persona*

---

[1] Professor Livre-Docente da Escola de Comunicações e Artes, USP, onde leciona *Cultura e Literatura Brasileira*.

(seja ela ortonímica ou heteronímica) empresta à suas composições.²

Sem nos restringirmos aos dados biográficos do poeta, é mais importante e profícuo salientar o seu legado. Jerônimo Pizarro e Patrício Ferrari observam, com razão, que:

> A obra poética de Fernando Pessoa foi também uma obra alheia, ou melhor, alheiamente sua, pois grande parte é obra de outros. Pessoa compreendeu desde muito cedo, embora só o desse a entender num texto tardio, que se cada ator de uma peça dramática se convertesse num autor — e só uma letra separa este dois universos contíguos —, então essa pela seria como um quarto com múltiplos reflexos.³

Dito isso, passemos ao exame do volume.

Cancioneiro é palavra de múltiplos significados.⁴ Ela tanto pode se referir a um conjunto de poemas de determinado autor — como o *Cancioneiro* de Dom

---

² "O ortônimo não é, portanto, qualitativamente diferente ou 'mais digno de crédito' do que os heterônimos, pelo que não é possível fazer a equivalência simples ortônimo = Fernando Pessoa. (...) É assim que os heterônimos existem exatamente como o ortônimo existe: literariamente". Fernando Cabral Martins. "Ortônimo". In: _____ (coord). *Dicionário de Fernando Pessoa e do Modernismo português*. São Paulo: Leya, 2010.

³ Jerônimo Pizarro; Patrício Ferrari. "Apresentação". In: *136 pessoas de Pessoa*. Rio de Janeiro: Tinta da China, 2017, p. 17.

⁴ "*Cancioneiro* — Coletânea de canções ou cantigas, pertencentes a vários autores de uma determinada época literária. Embora se mencionem a Provença e outras regiões da Europa, o hábito de colecionar poemas parece exclusivo da Península Ibérica" (Massaud Moisés. *Dicionário de Termos Literários*. 11ª ed. São Paulo: Cultrix, 2002, p. 70).

Diniz ou *Il Canzoniere* de Francesco Petrarca (ambos escritos durante o século XIV) —, quanto ao repertório de determinada época, por exemplo, o "cancioneiro medieval". Há ainda uma terceira acepção, que amplifica em muito o sentido do termo: é o que se vê em formulações tais como "cancioneiro popular" — que tendem a categorizar certo tipo ou espécie de produção versificada para além dos domínios da nobreza e da Corte, entre o final da Idade Média e o início da Era Moderna.

Portanto, é curioso que o autor tenha intitulado o livro de poemas desse modo. Seria uma maneira de aludir à tradição poética de seu país, ombreando com ela? Ou uma tentativa de sugerir que a coletânea reunia os principais poemas extraídos a partir de um cancioneiro *particular*, ou seja, o do próprio poeta? Para responder a essa intrigante questão, o melhor caminho será percorrer atentamente o volume.

> Quando eu me sento à janela
> P'los vidros que a neve embaça
> *Vejo* a doce imagem dela
> Quando passa... passa... passa

Após ressaltar que há "menos um ser neste mundo", na segunda estrofe, constatamos que a personagem deixou de existir: "*Jugo ver* a imagem dela / Que *já não passa...não passa...*". Repare-se no duplo sentido do verbo "passar". Na primeira estrofe, a atitude do enunciador é contemplativa: ele está sentado "à janela", vendo a mulher passar.

O que era vida e trânsito (pessoa que passa), converte-se em morte e ausência de movimento ("já não passa"). A repetição do verbo, na estrofe inicial ("passa... passa...passa"), é uma símile dos passos da pessoa: desenha o ato de escutar e observar quem caminha. Já a repetição de "não passa", no verso final, sugere a expectativa frustrada de vê-la passar, uma vez que está morta ("Menos um ser neste mundo / E mais um anjo no céu").

Ao lado da transitoriedade, outro tema recorrente no volume, reside o acento nihilista dos versos, como se vê na quinta seção de "Em busca da beleza":

> Braços cruzados, sem pensar, nem crer,
> Fiquemos pois sem mágoas nem desejos,
> Deixemos os beijos, pois o que são beijos?
> A vida é só o esperar morrer.

Em *Ética a Nicômaco*, Aristóteles dizia que a virtude consistia no ponto intermediário entre a demasia (excesso) e a falta (carência).[5] Parece ser esse o sentido evocado por "sem mágoas nem desejos", no poema. Acrescente-se que a mágoa se refere necessariamente ao passado, enquanto o desejo costuma se referir a aquilo pelo que ansiamos, ou seja, algo que só possuiremos no futuro.

Outra leitura possível seria considerarmos a filosofia de Sêneca, por exemplo as *Cartas a Lucílio*, onde sugeria que uma conduta saudável e equilibrada não se sujeita

---

[5] "Nossos estados têm como indício o prazer ou dor que acompanha nossas ações. Um indivíduo é moderado se abstém-se de prazeres do corpo e se compraz com a própria abstinência; é um desregrado se essa abstinência o incomoda; é corajoso se suporta os terrores com com prazer ou, ao menos, sem experimentar dor; covarde se o fizer experimentando-a" (Aristóteles. *Ética a Nicômaco*. 4ª ed. 2ª reimp. Trad. Edson Bini. São Paulo: Edipro, 2020, p. 85).

ao império das paixões.⁶ Portanto, se quisermos desvelar mais camadas na poesia de Pessoa, será imprescindível resgatar esse e outros tratados da Antiguidade: as tópicas relativas à brevidade da vida e à ética revelam o caráter filosófico que assiste tanto a poesia do ortônimo, quanto os versos dos heterônimos.

No plano dos artifícios empregados no livro, chama a atenção a abundância de metáforas. Vejamos de perto os belos versos de "Mar. Manhã":

> Suavemente grande avança
> Cheia de sol a onda do mar;
> Pausadamente se balança,
> E desce como a descansar.

Composto de cinco quadras, o poema funde sons e imagens. A sonoridade lembra o vai-e-vem das ondas. O efeito é salientando pela utilização das consoantes nasais, presentes em todas as estrofes (Suavemente grande avança / onda, mar / Pausadamente, balança / como, descansar / Tão lenta, longa / Arfando, manhã / ente / em serenas / interminável, um mover-se, / oceano / minha sensação, nula / a mim ondula / na onda).

Igualmente poderosas, as imagens fundem-se aos sons. A "onda do mar" avança "cheia de sol", relembrando

---

⁶ "Quanto a nós teremos antes razões para dizer: 'se te aplicas à filosofia, tanto melhor'! De fato é na filosofia que reside a saúde verdadeira. Sem ela, a alma estará doente e mesmo o corpo, embora dotado de grande robustez, terá somente a saúde própria dos dementes, dos frenéticos. Cultiva, portanto, em primeiro lugar a saúde da alma, e só em segundo lugar a do corpo". (Sêneca. *Cartas a Lucílio*. 6ª ed. Trad. J. A. Segurado e Campos. Lisboa: Fundação Calouste Gulbenkian, p. 50).

o que diz a "Nota Preliminar" ao livro. Na terceira estrofe, a "onda do mar" adquire outras formas: o "correr da onda" lembra "uma cobra" que se alonga em "serenas dobras". Os versos finais retomam a impassibilidade, sugerida em diversos poemas:

> E a minha sensação é nula,
> Quer de prazer, quer de pesar...
> Ébria da alheia a mim ondula
> Na onda lúcia do mar.

O leitor reparará que os textos de *Cancioneiro* ora se aproximam, ora se distinguem em relação aos poemas de Alberto Caeiro (que afirmava se pautar pelas sensações). Poderíamos observar praticamente o mesmo em vários poemas de *Mensagem*, em a *persona* poética, por vezes, soam de modo similar à voz dos heterônimos — não só Alberto Caeiro, mas também Ricardo Reis e Álvaro de Campos).

Porém, durante muito tempo, a regra geral era que ortônimo e heterônimo estabeleciam contrastes, especialmente no plano filosófico. Por isso, podemos aceitar apenas parcialmente a distinção proposta por Jacinto do Prado Coelho, para quem,

> O Pessoa ortônimo diverge muito de Caeiro e Reis porque não expõe uma filosofia prática, não inculca uma norma de comportamento; nele há quase apenas a expressão musical e sutil do frio, do tédio e dos anseios da alma, de estados quase inefáveis em que se vislumbra por instantes "uma coisa linda", nostalgias de um bem perdido que não se sabe qual foi, oscilações quase

imperceptíveis de uma inteligência extremamente sensível, e até vivências tão profundas que não vêm "à flor das frases e dos dias" mas se insinuam pela eufonia dos versos, pelas reticências de uma linguagem finíssima.[7]

Será possível não enxergar pragmatismo no enunciado de *Cancioneiro*? Especialmente nesse livro, a tônica é que "mesmo que não se queira admitir que todo o estado de alma é uma paisagem — pode ao menos admitir-se que todo o estado de alma se pode representar por uma paisagem". A exemplo do que acontece em outras obras do autor, a "Nota Preliminar" cumpre papel decisivo, pois apresenta os pressupostos que devem nortear a leitura.[8]

Isto posto, pode-se sugerir que a hipótese central do livro repousa na correspondência e na interpenetração entre a essência do homem e os elementos da natureza, como se percebe nesta quadra....

E o escuro ruído da chuva
É constante em meu pensamento,
Meu ser é a invisível curva
Traçada pelo som do vento...

---

[7] Jacinto do Prado Coelho. *Diversidade e Unidade em Fernando Pessoa*. São Paulo: Verbo/Edusp, 1977, p. 47.

[8] "Do ponto de vista da normatização retórica, podemos sintetizar as instruções gerais dizendo que um bom prólogo deve atender a alguns princípios, dentre os quais o da permeabilidade, noção segundo a qual os discursos prefaciais tomam o estilo da matéria do livro que abrem, pois sofrem uma espécie de contágio do gênero da obra" (Maria do Socorro Fernandes de Carvalho. *Preambulares do livro seiscentista em Portugal e no Brasil*. Piauí: Editora Universitária da UFPI/FAPEPI, p. 37)

...e nesta outra:

> O céu, azul de luz quieta.
> As ondas brancas a quebrar,
> Na praia lúcida e completa —
> Pontas de dedos a brincar.

Em ambas as estrofes (embora pertençam a poemas diferentes), Fernando Pessoa articula múltiplos ingredientes, a começar pela fusão de sentidos em "escuro ruído" e "luz quieta" (sinestesia); a manutenção das rimas alternadas (no primeiro: "chuva/curva" e "pensamento/vento"; no segundo: "quieta/completa" e "quebrar/brincar"). Mas há uma sutil diferença. Na primeira quadra, a composição de metáforas conformam o "ser" oscilante, sujeito às mudanças do vento. Na outra quadra, o cenário é mais estável: ainda assim, a quietude do céu e a brandura da quebração sugerem a delicadeza de quem traceja formas na areia.

Quando nos detemos com maior vagar em poemas como esses, é importante relembrar o teor das "Notas Preliminares", em que o poeta associa o estado de alma à paisagem: "tendo nós, ao mesmo tempo, consciência do exterior e do nosso espírito, e sendo o nosso espírito uma paisagem, temos ao mesmo tempo consciência e duas paisagens". Esse diálogo entre "alma" e "paisagem" é, de fato, o pressuposto de *Cancioneiro*, que reúne poemas escritos entre 1902 e 1935.

Repare-se nos efeitos produzidos nestes versos de 1931...

> Hoje que a tarde é calma e o céu tranquilo,
> E a noite chega sem que eu saiba bem,
> Quero considerar-me e ver aquilo
> Que sou, e o que sou o que é que tem.

.... e no poema inicial de "Passos da Cruz":

> Aconteceu-me esta paisagem, fadas
> De sepulcros a orgíaco... Trigueiros
> Os céus da tua face, e os derradeiros
> Tons do poente segredam nas arcadas...

Os versos encenam entidades a dançar, equilibrando-se entre a eros ("orgíaco") e tânatos ("sepulcros"). Os olhos "trigueiros" ("céus da tua face") refletem os "tons do poente", que parecem cochichar nas "arcadas". Serão as arcadas do pórtico, que o enunciador equipara ao coração, nos versos abaixo? A esse diálogo se soma elevada dose de lirismo, como se percebe em outro poema do mesmo "Passos da Cruz":

> Meu coração é um pórtico partido
> Dando excessivamente para o mar.
> Vejo em minha alma as velas vãs passar
> E cada vela passa num sentido.

A correlação entre as palavras, que assumem o estatuto de símbolo, é explorada tanto em *Mensagem* quanto em *Cancioneiro*. Como interpretar essa metáfora? Para captar o que diz o poema é preciso imaginar uma construção ("pórtico") imponente, mas vazada, à beira do edifício, a sugerir que a analogia corresponde à proporção entre o coração e o corpo.

Mas, afinal, qual o risco de o "pórtico" dar "excessivamente para o mar"? É provável que isso se deva aos riscos de enfrentar intempéries, lidar com instabilidades. Se aceitarmos o mar como imagem do amor, poderemos supor que as "velas vãs" são os veículos (ou seja, as pessoas, os portadores) que aportam e partem, trazendo experiências bem ou malsucedidas com o *eu* poético.

Outro modo de interpretar os versos. Se atentarmos para o fato de o "coração" ter se "partido" em muitos fragmentos, exposto ao terreno instável das emoções, talvez possamos entender que o poema não se refere a pessoas que chegam e passam, mas às múltiplas personalidades que coabitam o poeta, a ocupar as "velas" (translúcidas feito almas) que se cruzam em diferentes direções.

Seja como for, a maneira multíplice com que o enunciador concebe o mundo pode induzir à leitura biografista (por isso mesmo, imprecisa) de alguns versos, como este episódio, extraído de "A múmia":

> De quem é olhar
> Que espreita por meus olhos?
> Quando penso que vejo,
> Quem continua vendo
> Enquanto estou pensando?
> Por que caminhos seguem,
> Não os meus tristes passos,
> Mas a realidade
> De eu ter passos comigo?

Há momentos em que se evidenciam diálogos entre a poesia do ortônimo e a de Álvaro de Campos, autor de

Tabacaria. Repare-se como os versos do poema datado de 6 de janeiro de 1923...

> Nada sou, nada posso, nada sigo.
> Trago, por ilusão, meu ser comigo.
> Não compreendo compreender, nem sei
> Se hei de ser, sendo nada, o que serei.

.... apontam na mesma direção do poema composto pelo heterônimo:

> Não sou nada.
> Nunca serei nada.
> Não posso querer ser nada.
> À parte isso, tenho em mim todos os sonhos do mundo.
> (*Tabacaria*)[9]

O questionamento a respeito de si e, por extensão, sobre o ato de escrever versos talvez explique a popularidade de "Autopsicografia":

> O poeta é um fingidor.
> Finge tão completamente
> Que chega a fingir que é dor
> A dor que deveras sente.

Seria oportuno reconhecer nesses versos nova alusão aos tratados de poesia escritos no antigo mundo greco--latino. Aristóteles (*Poética*), Horácio (*Epístola aos Pisões*)

---

[9] Fernando Pessoa. *Poesia de Álvaro de Campos*. São Paulo: Martin Claret, 2006.

e Longino (*Do Sublime*), para citar apenas os exemplos mais canônicos, afirmavam que a poesia consistia, essencialmente, na arte de criar, produzir e, por extensão, fingir. Para isso, o poeta recorre a artifícios.

O artifício preside o texto poético, portanto. Nesse sentido, é oportuno recordar que o teor dos versos não se confunde com a biografia do autor. Isso porque, não se trata de textos confessionais ou que expressam as verdades do autor. Ora, na dimensão ficcional, a palavra está sob a condução da *persona* poética. Ou seja, a poesia é um enunciado que não guarda relação compulsória com fatos ou dados do autor. Como advertia Francisco Achcar,

> [...] é ainda muito frequente o entendimento da sinceridade como correspondência (alguma forma de correspondência, psicológica, sociológica, filosófica) entre o eu-lírico e a experiência extrapoética do poeta. A concepção romântica de sinceridade como verdade poética — "a poesia é verdadeira porque corresponde ao estado de espírito do poeta" — não foi abandonada por boa parte da crítica e da historiografia literária. Ainda hoje as vidas e quase sempre as personalidades dos poetas antigos são deduzidas linearmente de seus poemas.[10]

Em *Cancioneiro*, A inconstância é celebrada como virtude; ela poderia ser aprendida uma condição para a produção dos versos:

---

[10] Francisco Achar. *Lírica e lugar-comum: alguns temas de Horácio e sua presença em português*. São Paulo: Edusp, 1994, p. 43.

> Viajar! Perder países!
> Ser outro constantemente,
> Por a alma não ter raízes
> De viver de ver somente!

O poema advoga uma trajetória sem lastros, nem estabilidade. A existência despretensiosa e sem amarras morais, favorece a contemplação e se contrapõe ao ritmo acelerado das cidades. A consciência do mundo transitório se irmana à inconstância do ser. A viagem é um tema caro porque sugere o pouso, mas não a imobilidade; a passagem, e não a imutabilidade; o descolamento da terra natal, e não o civismo de ocasião. Diferentemente do que acontece em *Mensagem*, aqui a pátria cede lugar ao sujeito; o coletivo cede lugar ao individualismo.

De todo modo, não se confundam tais reflexões versificadas com apologia do individualismo. Não se trata de representar o egoísmo, já que a percepção de si não embota a percepção do outro — de onde resulta "Conselho":

> Cerca de grandes muros quem te sonhas.
> Depois, onde é visível o jardim
> Através do portão de grade dala,
> Põe quantas flores são as mais risonhas,
> Para que te conheçam só assim.
> Onde ninguém o vir não ponhas nada.

Repare-se na preocupação com os aspectos formais. Estamos diante de versos decassílabos que obedecem ao esquema de rimas ABC, ABC. Afora a sonoridade, prestemos redobrada atenção ao teor dos versos. Eles permitem reivindicar novo diálogo com os pensadores da Antiguidade, dessa vez em referência ao *képos* de Epicuro.[11] A palavra costuma ser traduzida por "jardim" e representa o cultivo do espírito que se cerca exclusivamente de amigos.

Ademais, o poema recomenda que só se enfeite o jardim com flores onde a visão dos visitantes as alcançar. Podemos inferir que o cará ter pragmático seria outro fator a aproximar o teor dos versos ao pensamento epicurista. Essa constante evocação dos filósofos e poetas greco-latinos pode induzir à percepção inadequada de que as sentenças de *Cancioneiro* tivessem caráter dogmático e propósito didático.

Compreende-se o equívoco. Afinal, até mesmo as palavras de Epicuro são comercializadas, em nossos dias, sob a forma de livretos de leitura rápida, simples e amena que disputam espaço com os pretensos manuais de autoajuda, centrados no hiperindividualismo empreendedor neoliberal. Não seria preciso alertar o leitor que *Cancioneiro* não admite essa chave de leitura.

Pelo contrário, lendo a obra assinada por Fernando Pessoa e pelos seus heterônimos, tem-se a impressão de

---

[11] "Epicuro elaborou uma proposta formativa cujo fim era garantir aos que frequentassem seu Jardim, uma vida simples e serena. Tais ideias e valores defendidos por sua doutrina podem ser reconhecidos nos poucos escritos que dele restaram: o primeiro texto que contém suas cartas foi redigido por Diôgenes Laêrtios, em *Vida e doutrina dos filósofos ilustres*, livro X. Nele, a 'Carta a Meneceu' e a 'Carta a Heródoto' oferecem-nos aspectos fundamentais da doutrina epicurista, entre outros textos e fragmentos atribuídos a Epicuro". (Reginaldo Aliçandro Bordin; José Aparecido Pereira. O *kepos* epicurista: a utilidade da filosofia e sua relação com o conhecimento e a formação do homem feliz. *Notandum*, ano XXII, n. 51, set./dez. 2019, p. 2).

que ele expandiu o exercício da arte para além do limite das convenções, combinando uma voz para cada estilo, tema, gênero e espécie poética.

Nota preliminar

1. Em todo o momento de atividade mental acontece em nós um duplo fenômeno de percepção: ao mesmo tempo que temos consciência dum estado de alma, temos diante de nós, impressionando-nos os sentidos que estão virados para o exterior, uma paisagem qualquer, entendendo por paisagem, para conveniência de frases, tudo o que forma o mundo exterior num determinado momento da nossa percepção.

2. Todo o estado de alma é uma paisagem. Isto é, todo o estado de alma é não só representável por uma paisagem, mas verdadeiramente uma paisagem. Há em nós um espaço interior onde a matéria da nossa vida física se agita. Assim uma tristeza é um lago morto dentro de nós, uma alegria um dia de sol no nosso espírito. E — mesmo que se não queira admitir que todo o estado de alma é uma paisagem — pode ao menos admitir-se que todo o estado de alma se pode representar por uma paisagem. Se eu disser "há sol nos meus pensamentos", ninguém compreenderá que os meus pensamentos estão tristes.

3. Assim, tendo nós, ao mesmo tempo, consciência do exterior e do nosso espírito, e sendo o nosso espírito uma paisagem, temos ao mesmo tempo consciência de duas paisagens. Ora, essas paisagens fundem-se, interpenetram-se, de modo que o nosso estado de

alma, seja ele qual for, sofre um pouco da paisagem que estamos vendo — num dia de sol uma alma triste não pode estar tão triste como num dia de chuva — e, também, a paisagem exterior sofre do nosso estado de alma — é de todos os tempos dizer-se, sobretudo em verso, coisas como que "na ausência da amada o sol não brilha", e outras coisas assim. De maneira que a arte que queira representar bem a realidade terá de a dar através duma representação simultânea da paisagem interior e da paisagem exterior. Resulta que terá de tentar dar uma intersecção de duas paisagens. Tem de ser duas paisagens, mas pode ser — não se querendo admitir que um estado de alma é uma paisagem — que se queira simplesmente interseccionar um estado de alma (puro e simples sentimento) com a paisagem exterior. [...]

            Fernando Pessoa

Cancioneiro
Fernando Pessoa

Quando ela passa

Quando eu me sento à janela
P'los vidros qu'a neve embaça
Vejo a doce imagem dela
Quando passa... passa... passa...

Nesta escuridão tristonha
Duma travessa sombria
Quando aparece risonha
Brilha mais qu'a luz do dia.

Quando está noite cerrada
E contemplo imagem sua
Que rompe a treva fechada
Como um reflexo da lua,

Penso ver o seu semblante
Com funda melancolia
Qu'o lábio embriagante
Não conheceu a alegria

E vejo curvado à dor
Todo o seu primeiro encanto
Comunica-mo o palor
As faces, aos olhos pranto.

Todos os dias passava
Por aquela estreita rua
E o palor que m'aterrava
Cada vez mais s'acentua

Um dia já não passou
O outro também já não
A sua ausência cavou

F'rida no meu coração
Na manhã do outro dia
Com o olhar amortecido
Fúnebre cortejo via
E o coração dolorido

Lançou-me em pesar profundo
Lançou-me a mágoa seu véu: —
Menos um ser neste mundo
E mais um anjo no céu.

Depois o carro funéreo
Esse carro d'amargura
Entrou lá no cemitério
Eis ali a sepultura:

Epitáfio
Cristãos! Aqui jaz no pó da sepultura
Uma jovem filha da melancolia
O seu viver foi repleto d'amargura
Seu rir foi pranto, dor sua alegria.

Quando eu me sento à janela,
P'los vidros qu'a neve embaça
Julgo ver a imagem dela
Que já não passa... não passa...

5 de maio de 1902

Em busca da beleza

I

Soam vãos, dolorido epicurista,
Os versos teus, que a minha dor despreza;
Já tive a alma sem descrença presa
Desse teu sonho, que perturba a vista.

Da Perfeição segui em vã conquista,
Mas vi depressa, já sem a alma acesa,
Que a própria ideia em nós dessa beleza
Um infinito de nós mesmos dista.

Nem à nossa alma definir podemos
A Perfeição em cuja estrada a vida,
Achando-a intérmina, a chorar perdemos.

O mar tem fim, o céu talvez o tenha,
Mas não a ânsia de Coisa indefinida
Que o ser indefinida faz tamanha.

II

Nem defini-la, nem achá-la, a ela —
A Beleza. No mundo não existe.
Ai de quem com a alma inda mais triste
Nos seres transitórios quer colhê-la!

Acanhe-se a alma porque não conquiste
Mais que o banal de cada coisa bela,

Ou saiba que ao ardor de querer havê-la —
À Perfeição — só a desgraça assiste.

Só quem da vida bebeu todo o vinho,
Dum trago ou não, mas sendo até o fundo,
Sabe (mas sem remédio) o bom caminho;

Conhece o tédio extremo da desgraça
Que olha estupidamente o nauseabundo
Cristal inútil da vazia taça.

III

Só quem puder obter a estupidez
Ou a loucura pode ser feliz.
Buscar, querer, amar... tudo isto diz
Perder, chorar, sofrer, vez após vez.

A estupidez achou sempre o que quis
Do círculo banal da sua avidez;
Nunca aos loucos o engano se desfez
Com quem um falso mundo seu condiz.

Há dois males: verdade e aspiração,
E há uma forma só de os saber males:
É conhecê-los bem, saber que são

Um o horror real, o outro o vazio —
Horror não menos — dois como que vales
Duma montanha que ninguém subiu.

IV

Leva-me longe, meu suspiro fundo,
Além do que deseja e que começa,
Lá muito longe, onde o viver se esqueça
Das formas metafísicas do mundo.

Aí que o meu sentir vago e profundo
O seu lugar exterior conheça,
Aí durma em fim, aí enfim faleça
O cintilar do espírito fecundo.

Aí... mas de que serve imaginar
Regiões onde o sonho é verdadeiro
Ou terras para o ser atormentar?

É elevar demais a aspiração,
E, falhado esse sonho derradeiro,
Encontrar mais vazio o coração.

V

Braços cruzados, sem pensar nem crer,
Fiquemos pois sem mágoas nem desejos.
Deixemos beijos, pois o que são beijos?
A vida é só o esperar morrer.

Longe da dor e longe do prazer,
Conheçamos no sono os benfazejos
Poderes únicos; sem urzes, brejos,
A sua estrada sabe apetecer.

C'roado de papoilas e trazendo
Artes porque com sono tira sonhos,
Venha Morfeu, que as almas envolvendo,

Faça a felicidade ao mundo vir
Num nada onde sentimo-nos risonhos
Só de sentirmos nada já sentir.

VI

O sono — Oh, ilusão! — o sono? Quem
Logrará esse vácuo ao qual aspira
A alma que de aspirar em vão delira
E já nem força para querer tem?

Que sono apetecemos? O d'alguém
Adormecido na feliz mentira
Da sonolência vaga que nos tira
Todo o sentir no qual a dor nos vem?

Ilusão tudo! Querer um sono eterno,
Um descanso, uma paz, não é senão
O último anseio desesperado e vão.

Perdido, resta o derradeiro inferno
Do tédio intérmino, esse de já não
Nem aspirar a ter aspiração.

27 de fevereiro de 1909

Mar. Manhã

Suavemente grande avança
Cheia de sol a onda do mar;
Pausadamente se balança,
E desce como a descansar.

Tão lenta e longa que parece
De uma criança de Titã
O glauco seio que adormece,
Arfando à brisa da manhã.

Parece ser um ente apenas
Este correr da onda do mar,
Como uma cobra que em serenas
Dobras se alongue a colear.

Unido e vasto e interminável
No são sossego azul do sol,
Arfa com um mover-se estável
O oceano ébrio de arrebol.

E a minha sensação é nula,
Quer de prazer, quer de pesar...
Ébria de alheia a mim ondula
Na onda lúcida do mar.

16 de novembro de 1909

Visão

Há um país imenso mais real
Do que a vida que o mundo mostra ter
Mais do que a Natureza natural
À verdade tremendo de viver.

Sob um céu uno e plácido e normal
Onde nada se mostra haver ou ser
Onde nem vento geme, nem fatal
A ideia de uma nuvem se faz crer,

Jaz — uma terra não — não há um solo
Mas estranha, gelando em desconsolo
À alma que vê esse país sem véu,

Hirtamente silente nos espaços
Uma floresta de escarnados braços
Inutilmente erguidos para o céu.

5 de março de 1910

Análise

Tão abstrata é a ideia do teu ser
Que me vem de te olhar, que, ao entreter
Os meus olhos nos teus, perco-os de vista,
E nada fica em meu olhar, e dista
Teu corpo do meu ver tão longemente,
E a ideia do teu ser fica tão rente
Ao meu pensar olhar-te, e ao saber-me
Sabendo que tu és, que, só por ter-me
Consciente de ti, nem a mim sinto.
E assim, neste ignorar-me a ver-te, minto
A ilusão da sensação, e sonho,
Não te vendo, nem vendo, nem sabendo
Que te vejo, ou sequer que sou, risonho
Do interior crepúsculo tristonho
Em que sinto que sonho o que me sinto sendo.

dezembro de 1911

Ó naus felizes, que do mar vago
Volveis enfim ao silêncio do porto
Depois de tanto noturno mal —
Meu coração é um morto lago,
E à margem triste do lago morto
Sonha um castelo medieval...

E nesse, onde sonha, castelo triste,
Nem sabe saber a, de mãos formosas
Sem gesto ou cor, triste castelã
Que um porto além rumoroso existe,
Donde as naus negras e silenciosas
Se partem quando é no mar manhã...

Nem sequer sabe que há o, onde sonha,
Castelo triste... Seu 'spírito monge
Para nada externo é perto e real...
E enquanto ela assim se esquece, tristonha,
Regressam, velas no mar ao longe,
As naus ao porto medieval...

[10 de junho de 1910?]

Hora morta

Lenta e lenta a hora
Por mim dentro soa
(Alma que se ignora!)
Lenta e lenta e lenta,
Lenta e sonolenta
A lua se escoa...

Tudo tão inútil!
Tão como que doente
Tão divinamente
Fútil — ah, tão fútil
Sonho que se sente
De si próprio ausente...

Naufrágio ante o ocaso...
Hora de piedade...
Tudo é névoa e acaso
Hora oca e perdida,
Cinza de vivida
(Que Poente me invade?)

Por que lenta ante olha
Lenta em seu som,
Que sinto ignorar?
Por que é que me gela
Meu próprio pensar
Em sonhar amar?...

23 de março de 1913

Que morta esta hora!
Que alma minha chora
Tão perdida e alheia?...
Mar batendo na areia,
Para quê? para quê?
P'ra ser o que se vê
Na alva areia batendo?
Só isso? Não há
Lâmpada de haver —
— Um — sentido ardendo
Dentro da hora — já
Espuma de morrer?

23 de março de 1913

Impressões do crepúsculo

Pauis de roçarem ânsias pela minh'alma em ouro...
Dobre longínquo de Outros Sinos... Empalidece o louro
Trigo na cinza do poente... Corre um frio carnal por
[minh'alma...
Tão sempre a mesma, a Hora!... Balouçar de cimos de
[palma!...
Silêncio que as folhas fitam em nós... Outono delgado
Dum canto de vaga ave... Azul esquecido em estagnado...
Oh que mudo grito de ânsia põe garras na Hora!
Que pasmo de mim anseia por outra coisa que o que
[chora!
Estendo as mãos para além, mas ao estendê-las já vejo
Que não é aquilo que quero aquilo que desejo...
Címbalos de Imperfeição... Ó tão antiguidade
A Hora expulsa de si-Tempo! Onda de recuo que invade
O meu abandonar-me a mim próprio até desfalecer,
E recordar tanto o Eu presente que me sinto esquecer!...
Fluido de auréola, transparente de Foi, oco de ter-se...
O Mistério sabe-me a eu ser outro... Luar sobre o não
[conter-se...
A sentinela é hirta — a lança que finca no chão
É mais alta do que ela... Para que é tudo isto... Dia chão...
Trepadeiras de despropósito lambendo de Hora os Aléns...
Horizontes fechando os olhos ao espaço em que são
[elos de erro...
Fanfarras de ópios de silêncios futuros... Longes trens...
Portões vistos longe... através de árvores... tão de ferro!

29 de março de 1913

Hora absurda

O teu silêncio é uma nau com todas as velas pandas...
Brandas, as brisas brincam nas flâmulas, teu sorriso...
E o teu sorriso no teu silêncio é as escadas e as andas
Com que me finjo mais alto e ao pé de qualquer paraíso...

Meu coração é uma ânfora que cai e que se parte...
O teu silêncio recolhe-o e guarda-o, partido, a um canto...
Minha ideia de ti é um cadáver que o mar traz à praia...,
                                        [e entanto
Tu és a tela irreal em que erro em cor a minha arte...

Abre todas as portas e que o vento varra a ideia
Que temos de que um fumo perfuma de ócio os salões...
Minha alma é uma caverna enchida p'la maré cheia,
E a minha ideia de te sonhar uma caravana de histriões...

Chove ouro baço, mas não no lá-fora... É em mim...
                                        [Sou a Hora,
E a Hora é de assombros e toda ela escombros dela...
Na minha atenção há uma viúva pobre que nunca chora...
No meu céu interior nunca houve uma única estrela...

Hoje o céu é pesado como a ideia de nunca chegar a
                                        [um porto...
A chuva miúda é vazia... A Hora sabe a ter sido...
Não haver qualquer coisa como leitos para as naus!...
                                        [Absorto
Em se alhear de si, teu olhar é uma praga sem sentido...

Todas as minhas horas são feitas de jaspe negro,
Minhas ânsias todas talhadas num mármore que não há,
Não é alegria nem dor esta dor com que me alegro,
E a minha bondade inversa não é nem boa nem má...

Os feixes dos lictores abriram-se à beira dos caminhos...
Os pendões das vitórias medievais nem chegaram às
[cruzadas...
Puseram in-fólios úteis entre as pedras das barricadas...
E a erva cresceu nas vias férreas com viços daninhos...

Ah, como esta hora é velha!... E todas as naus partiram!
Na praia só um cabo morto e uns restos de vela falam
De Longe, das horas do Sul, de onde os nossos sonhos
[tiram
Aquela angústia de sonhar mais que até para si calam...

O palácio está em ruínas... Dói ver no parque o abandono
Da fonte sem repuxo... Ninguém ergue o olhar da estrada
E sente saudades de si ante aquele lugar-outono...
Esta paisagem é um manuscrito com a frase mais bela
[cortada...

A doida partiu todos os candelabros glabros,
Sujou de humano o lago com cartas rasgadas, muitas...
E a minha alma é aquela luz que não mais haverá nos
[candelabros...
E que querem ao lago aziago minhas ânsias, brisas
[fortuitas?...

Por que me aflijo e me enfermo?... Deitam-se nuas ao luar
Todas as ninfas... Veio o sol e já tinham partido...

O teu silêncio que me embala é a ideia de naufragar,
E a ideia de a tua voz soar a lira dum Apolo fingido...

Já não há caudas de pavões todas olhos nos jardins de
[outrora...
As próprias sombras estão mais tristes... Ainda
Há rastros de vestes de aias (parece) no chão, e ainda chora
Um como que eco de passos pela alameda que eis finda...

Todos os ocasos fundiram-se na minha alma...
As relvas de todos os prados foram frescas sob meus
[pés frios...
Secou em teu olhar a ideia de te julgares calma,
E eu ver isso em ti é um porto sem navios...

Ergueram-se a um tempo todos os remos... Pelo ouro
[das searas
Passou uma saudade de não serem o mar... Em frente
Ao meu trono de alheamento há gestos com pedras raras...
Minha alma é uma lâmpada que se apagou e ainda está
[quente...

Ah, e o teu silêncio é um perfil de píncaro ao sol!
Todas as princesas sentiram o seio oprimido...
Da última janela do castelo só um girassol
Se vê, e o sonhar que há outros põe brumas no nosso
[sentido...

Sermos, e não sermos mais!... Ó leões nascidos na jaula!...
Repique de sinos para além, no Outro Vale... Perto?...
Arde o colégio e uma criança ficou fechada na aula...
Por que não há de ser o Norte o Sul?... O que está
[descoberto?...

E eu deliro... De repente pauso no que penso... Fito-te
E o teu silêncio é uma cegueira minha... Fito-te e sonho...
Há coisas rubras e cobras no modo como medito-te,
E a tua ideia sabe à lembrança de um sabor de medonho...

Para que não ter por ti desprezo? Por que não perdê-lo?...
Ah, deixa que eu te ignore... O teu silêncio é um leque —
Um leque fechado, um leque que aberto seria tão belo,
[tão belo,
Mas mais belo é não o abrir, para que a Hora não peque...

Gelaram todas as mãos cruzadas sobre todos os peitos...
Murcharam mais flores do que as que havia no jardim...
O meu amar-te é uma catedral de silêncios eleitos,
E os meus sonhos uma escada sem princípio mas com
[fim...

Alguém vai entrar pela porta... Sente-se o ar sorrir...
Tecedeiras viúvas gozam as mortalhas de virgens que
[tecem...
Ah, o teu tédio é uma estátua de uma mulher que há de vir,
O perfume que os crisântemos teriam, se o tivessem...

É preciso destruir o propósito de todas as pontes,
Vestir de alheamento as paisagens de todas as terras,
Endireitar à força a curva dos horizontes,
E gemer por ter de viver, como um ruído brusco de serras...

Há tão pouca gente que ame as paisagens que não
[existem!...
Saber que continuará a haver o mesmo mundo amanhã
[— como nos desalegra!...

Que o meu ouvir o teu silêncio não seja nuvens que
                              [atristem
O teu sorriso, anjo exilado, e o teu tédio, auréola negra...

Suave, como ter mãe e irmãs, a tarde rica desce...
Não chove já, e o vasto céu é um grande sorriso
                              [imperfeito...
A minha consciência de ter consciência de ti é uma prece,
E o meu saber-te a sorrir é uma flor murcha a meu peito...

Ah, se fôssemos duas figuras num longínquo vitral!...
Ah, se fôssemos as duas cores de uma bandeira de glória!...
Estátua acéfala posta a um canto, poeirenta pia batismal,
Pendão de vencidos tendo escrito ao centro este lema
                              [— Vitória!

O que é que me tortura?... Se até a tua face calma
Só me enche de tédios e de ópios de ócios medonhos...
Não sei... Eu sou um doido que estranha a sua própria
                              [alma...
Eu fui amado em efígie num país para além dos sonhos...

4 de julho de 1913

Dobre

Peguei no meu coração
E pu-lo na minha mão

Olhei-o como quem olha
Grãos de areia ou uma folha.

Olhei-o pávido e absorto
Como quem sabe estar morto;

Com a alma só comovida
Do sonho e pouco da vida.

1913

Além-Deus

I / *Abismo*

Olho o Tejo, e de tal arte
Que me esquece olhar olhando,
E súbito isto me bate
De encontro ao devaneando —
O que é ser-rio, e correr?
O que é está-lo eu a ver?

Sinto de repente pouco,
Vácuo, o momento, o lugar.
Tudo de repente é oco —
Mesmo o meu estar a pensar.
Tudo — eu e o mundo em redor —
Fica mais que exterior.

Perde tudo o ser, ficar,
E do pensar se me some.
Fico sem poder ligar
Ser, ideia, alma de nome
A mim, à terra e aos céus...

E súbito encontro Deus.

II / *Passou*

Passou, fora de Quando,
De Porquê, e de Passando...,

Turbilhão de Ignorado,
Sem ter turbilhonado...,

Vasto por fora do Vasto
Sem ser, que a si se assombra...

O Universo é o seu rasto...
Deus é a sua sombra...

III / A voz de Deus

Brilha uma voz na noite...
De dentro de Fora ouvi-a...
Ó Universo, eu sou-te...
Oh, o horror da alegria
Deste pavor, do archote
Se apagar, que me guia!

Cinzas de ideia e de nome
Em mim, e a voz: Ó mundo,
Sermente em ti eu sou-me...
Mero eco de mim, me inundo
De ondas de negro lume
Em que pra Deus me afundo.

IV / A queda

Da minha ideia do mundo
      Caí...
Vácuo além de profundo,
Sem ter Eu nem Ali...

Vácuo sem si-próprio, caos
De ser pensado como ser...
Escada absoluta sem degraus...
Visão que se não pode ver...

Além-Deus! Além-Deus! Negra calma...
Clarão de Desconhecido...
Tudo tem outro sentido, ó alma,
Mesmo o ter-um-sentido...

V / *Braço sem corpo brandindo um gládio*

Entre a árvore e o vê-la
Onde está o sonho?
Que arco da ponte mais vela
Deus?... E eu fico tristonho
Por não saber se a curva da ponte
É a curva do horizonte...

Entre o que vive e a vida
Pra que lado corre o rio?
Árvore de folhas vestida —
Entre isso e Árvore há fio?
Pombas voando — o pombal
Está-lhes sempre à direita, ou é real?

Deus é um grande Intervalo,
Mas entre quê e quê?...
Entre o que digo e o que calo
Existo? Quem é que me vê?
Erro-me... E o pombal elevado
Está em torno na pomba, ou de lado?

[1913?]

Chuva oblíqua

I

Atravessa esta paisagem o meu sonho dum porto infinito
E a cor das flores é transparente de as velas de grandes
                                                    [navios
Que largam do cais arrastando nas águas por sombra
Os vultos ao sol daquelas árvores antigas...

O porto que sonho é sombrio e pálido
E esta paisagem é cheia de sol deste lado...
Mas no meu espírito o sol deste dia é porto sombrio
E os navios que saem do porto são estas árvores ao sol...

Liberto em duplo, abandonei-me da paisagem abaixo...
O vulto do cais é a estrada nítida e calma
Que se levanta e se ergue como um muro,
E os navios passam por dentro dos troncos das árvores
Com uma horizontalidade vertical,
E deixam cair amarras na água pelas folhas uma a uma
                                                    [dentro...

Não sei quem me sonho...
Súbito toda a água do mar do porto é transparente
E vejo no fundo, como uma estampa enorme que lá
                                          [estivesse desdobrada,
Esta paisagem toda, renque de árvore, estrada a arder
                                          [em aquele porto,
E a sombra duma nau mais antiga que o porto que passa
Entre o meu sonho do porto e o meu ver esta paisagem

E chega ao pé de mim, e entra por mim dentro,
E passa para o outro lado da minha alma...

II

Ilumina-se a igreja por dentro da chuva deste dia,
E cada vela que se acende é mais chuva a bater na vidraça...

Alegra-me ouvir a chuva porque ela é o templo estar aceso,
E as vidraças da igreja vistas de fora são o som da chuva
[ouvido por dentro...

O esplendor do altar-mor é o eu não poder quase ver
[os montes
Através da chuva que é ouro tão solene na toalha do altar...

Soa o canto do coro, latino e vento a sacudir-me a vidraça
E sente-se chiar a água no fato de haver coro...

A missa é um automóvel que passa
Através dos fiéis que se ajoelham em hoje ser um dia
[triste...
Súbito vento sacode em esplendor maior
A festa da catedral e o ruído da chuva absorve tudo
Até só se ouvir a voz do padre água perder-se ao longe
Com o som de rodas de automóvel...

E apagam-se as luzes da igreja
Na chuva que cessa...

III

A Grande Esfinge do Egito sonha por este papel dentro...
Escrevo — e ela aparece-me através da minha mão
                              [transparente
E ao canto do papel erguem-se as pirâmides...

Escrevo — perturbo-me de ver o bico da minha pena
Ser o perfil do rei Quéops...
De repente paro...
Escureceu tudo... Caio por um abismo feito de tempo...

Estou soterrado sob as pirâmides a escrever versos à luz
                              [clara deste candeeiro
E todo o Egito me esmaga de alto através dos traços
                              [que faço com a pena...

Ouço a Esfinge rir por dentro
O som da minha pena a correr no papel...
Atravessa o eu não poder vê-la uma mão enorme,
Varre tudo para o canto do teto que fica por detrás de mim,
E sobre o papel onde escrevo, entre ele e a pena que escreve
Jaz o cadáver do rei Quéops, olhando-me com olhos
                              [muito abertos,
E entre os nossos olhares que se cruzam corre o Nilo
E uma alegria de barcos embandeirados erra
Numa diagonal difusa
Entre mim e o que eu penso...

Funerais do rei Quéops em ouro velho e Mim!...

IV

Que pandeiretas o silêncio deste quarto!...
As paredes estão na Andaluzia...
Há danças sensuais no brilho fixo da luz...
De repente todo o espaço para...,
Para, escorrega, desembrulha-se...,
E num canto do teto, muito mais longe do que ele está,
Abrem mãos brancas janelas secretas
E há ramos de violetas caindo
De haver uma noite de Primavera lá fora
Sobre o eu estar de olhos fechados...

V

Lá fora vai um redemoinho de sol os cavalos do carrossel...
Árvores, pedras, montes bailam parados dentro de mim...
Noite absoluta na feira iluminada, luar no dia de sol lá fora,
E as luzes todas da feira fazem ruídos dos muros do
[quintal...
Ranchos de raparigas de bilha à cabeça
Que passam lá fora, cheias de estar sob o sol,
Cruzam-se com grandes grupos peganhentos de gente
[que anda na feira,
Gente toda misturada com as luzes das barracas, com a
[noite e com o luar,

E os dois grupos encontram-se e penetram-se
Até formarem só um que é os dois...
A feira e as luzes da feira e a gente que anda na feira,
E a noite que pega na feira e a levanta no ar,
Andam por cima das copas das árvores cheias de sol,

Andam visivelmente por baixo dos penedos que luzem
[ao sol,
Aparecem do outro lado das bilhas que as raparigas
[levam à cabeça,
E toda esta paisagem de primavera é a lua sobre a feira,
E toda a feira com ruídos e luzes é o chão deste dia de sol...

De repente alguém sacode esta hora dupla como numa
[peneira
E, misturado, o pó das duas realidades cai
Sobre as minhas mãos cheias de desenhos de portos
Com grandes naus que se vão e não pensam em voltar...
Pó de ouro branco e negro sobre os meus dedos...
As minhas mãos são os passos daquela rapariga que
[abandona a feira,
Sozinha e contente como o dia hoje...

VI

O maestro sacode a batuta,
E lânguida e triste a música rompe...

Lembra-me a minha infância, aquele dia
Em que eu brincava ao pé dum muro de quintal
Atirando-lhe com uma bola que tinha dum lado
O deslizar dum cão verde, e do outro lado
Um cavalo azul a correr com um jóquei amarelo...

Prossegue a música, e eis na minha infância
De repente entre mim e o maestro, muro branco,
Vai e vem a bola, ora um cão verde,
Ora um cavalo azul com um jóquei amarelo...

Todo o teatro é o meu quintal, a minha infância
Está em todos os lugares, e a bola vem a tocar música,
Uma música triste e vaga que passeia no meu quintal
Vestida de cão verde tornando-se jóquei amarelo...
(Tão rápida gira a bola entre mim e os músicos...)

Atiro-a de encontro à minha infância e ela
Atravessa o teatro todo que está aos meus pés
A brincar com um jóquei amarelo e um cão verde
E um cavalo azul que aparece por cima do muro
Do meu quintal... E a música atira com bolas
À minha infância... E o muro do quintal é feito de gestos
De batuta e rotações confusas de cães verdes
E cavalos azuis e jóqueis amarelos...

Todo o teatro é um muro branco de música
Por onde um cão verde corre atrás de minha saudade
Da minha infância, cavalo azul com um jóquei amarelo...

E dum lado para o outro, da direita para a esquerda,
Donde há árvores e entre os ramos ao pé da copa
Com orquestras a tocar música,
Para onde há filas de bolas na loja onde a comprei
E o homem da loja sorri entre as memórias da minha
                                        [infância...

E a música cessa como um muro que desaba,
A bola rola pelo despenhadeiro dos meus sonhos
                                    [interrompidos,
E do alto dum cavalo azul, o maestro, jóquei amarelo
                                    [tornando-se preto,
Agradece, pousando a batuta em cima da fuga dum muro,

E curva-se, sorrindo, com uma bola branca em cima
[da cabeça,
Bola branca que lhe desaparece pelas costas abaixo...

[8 de março de 1914?]

As tuas mãos terminam em segredo.
Os teus olhos são negros e macios
Cristo na cruz os teus seios [?] esguios
E o teu perfil princesas no degredo...

Entre buxos e ao pé de bancos frios
Nas entrevistas alamedas, quedo
O vento põe seu arrastado medo
Saudoso a longes velas de navios.

Mas quando o mar subir na praia e for
Arrasar os castelos que na areia
As crianças deixaram, meu amor,

Será o haver cais num mar distante...
Pobre do rei pai das princesas feias
No seu castelo à rosa do Levante!

24 de junho de 1914

Canção

Silfos ou gnomos tocam?...
Roçam nos pinheirais
Sombras e bafos leves
De ritmos musicais.

Ondulam como em voltas
De estradas não sei onde
Ou como alguém que entre árvores
Ora se mostra ou esconde.

Forma longínqua e incerta
Do que eu nunca terei...
Mal ouço, e quase choro.
Por que choro não sei.

Tão tênue melodia
Que mal sei se ela existe
Ou se é só o crepúsculo,
Os pinhais e eu estar triste.

Mas cessa, como uma brisa
Esquece a forma aos seus ais;
E agora não há mais música
Do que a dos pinheirais.

25 de setembro de 1914

Serena voz imperfeita, eleita
Para falar aos deuses mortos —
A janela que falta ao teu palácio deita
Para o Porto todos os portos.

Faísca da ideia de uma voz soando
Lírios nas mãos das princesas sonhadas,
Eu sou a maré de pensar-te, orlando
A Enseada todas as enseadas.

Brumas marinhas esquinas de sonho...
Janelas dando para Tédio os charcos...
E eu fito o meu Fim que me olha, tristonho,
Do convés do Barco todos os barcos...

6 de outubro de 1914

Uns versos quaisquer

Vive o momento com saudade dele
    Já ao vivê-lo...
Barcas vazias, sempre nos impele
    Como a um solto cabelo
Um vento para longe, e não sabemos,
Ao viver, que sentimos ou queremos...

Demo-nos pois a consciência disto
    Como de um lago
Posto em paisagens de torpor mortiço
    Sob um céu ermo e vago,
que a nossa consciência de nós seja
Uma coisa que nada já deseja...

Assim idênticos à hora toda
    Em seu pleno labor,
Nossa vida será nossa anteboda:
    Não nós, mas uma cor,
Um perfume, um meneio de arvoredo,
E a morte não virá nem tarde ou cedo...

Porque o que importa é que já nada importe...
    Nada nos vale
Que se debruce sobre nós a Sorte,
    Ou, tênue e longe, cale
Seus gestos... Tudo é o mesmo... Eis o momento...
Sejamo-lo... Pra que o pensamento?...

11 de outubro de 1914

Como a noite é longa!
Toda a noite é assim...
Senta-te, ama, perto
Do leito onde esperto.
Vem p'r'ao pé de mim...

Amei tanta coisa...
Hoje nada existe.
Aqui ao pé da cama
Canta-me, minha ama,
Uma canção triste.

Era uma princesa
Que amou... Já são sei...
Como estou esquecido!
Canta-me ao ouvido
E adormecerei...

Que é feito de tudo?
Que fiz eu de mim?
Deixa-me dormir,
Dormir a sorrir
E seja isto o fim.

4 de novembro de 1914

Bate a luz no cimo
Da montanha, vê...
Sem querer, eu cismo
Mas não sei em quê...

Não sei que perdi
Ou que não achei...
Vida que vivi,
Que mal eu a amei!...

Hoje quero tanto
Que o não posso ter.
De manhã há o pranto
E ao anoitecer.

Tomara eu ter jeito
Para ser feliz...
Como o mundo é estreito,
E o pouco que eu quis!

Vai morrendo a luz
No alto da montanha...
Como um rio a flux
A minha alma banha,

Mas não me acarinha,
Não me acalma nada...
Pobre criancinha
Perdida na estrada!...

4 de novembro de 1914

Saber? Que sei eu?
Pensar é descrer.
— Leve e azul é o céu —
Tudo é tão difícil
De compreender!...

A ciência, uma fada
Num conto de louco...
— A luz é lavada —
Como o que nós vemos
É nítido e pouco!

Que sei eu que abrande
Meu anseio fundo?
Ó céu real e grande.
Não saber o modo
De pensar o mundo!

4 de novembro de 1914

Vai redonda e alta
A lua. Que dor
É em mim um amor?...
Não sei que me falta...
Não sei o que quero,

Nem posso sonhá-lo...
Como o luar é ralo
No chão vago e austero!...

Ponho-me a sorrir
P'ra a ideia de mim...
E tão triste, assim
Como quem está a ouvir

Uma voz que o chama
Mas não sabe donde
(Voz que em si se esconde)
E só a ela ama.

E tudo isto é o luar
E a minha dor
Tornado exterior
Ao meu meditar...

Que desassossego!
Que inquieta ilusão!
E esta sensação
Oca, de ser cego

No meu pensamento,
Na minha vontade...

Ah, a suavidade
Do luar sem tormento

Batendo na alma
De quem só sentisse
O luar, e existisse
Só p'ra a sua calma.

4 de novembro de 1914

Sopra demais o vento
Para eu poder descansar...
Há no meu pensamento
Qualquer coisa que vai parar...

Talvez esta coisa da alma
Que acha real a vida...
Talvez esta coisa calma
Que me faz a alma vivida...

Sopra um vento excessivo...
Tenho medo de pensar...
O meu mistério eu avivo
Se me perco a meditar.

Vento que passa e esquece,
Poeira que se ergue e cai...
Ai de mim se eu pudesse
Saber o que em mim vai!...

5 de novembro de 1914

Chove? Nenhuma chuva cai...
Então onde é que eu sinto um dia
Em que o ruído da chuva atrai
A minha inútil agonia?

Onde é que chove, que eu o ouço?
Onde é que é triste, ó claro céu?
Eu quero sorrir-te, e não posso,
Ó céu azul, chamar-te meu...

E o escuro ruído da chuva
É constante em meu pensamento.
Meu ser é a invisível curva
Traçada pelo som do vento...

E eis que ante o sol e o azul do dia,
Como se a hora me estorvasse,
Eu sofro... E a luz e a sua alegria
Cai aos meus pés como um disfarce.

Ah, na minha alma sempre chove.
Há sempre escuro dentro de mim.
Se escuto, alguém dentro de mim ouve
A chuva, como a voz de um fim...

Quando é que eu serei da tua cor,
Do teu plácido e azul encanto,
Ó claro dia exterior,
Ó céu mais útil que o meu pranto?

1º de dezembro de 1914

Ameaçou chuva. E a negra
Nuvem passou sem mais...
Todo o meu ser se alegra
Em alegrias iguais.

Nuvem que passa... Céu
Que fica e nada diz...
Vazio azul sem véu
Sobre a terra feliz...

E a terra é verde, verde...
Por que então minha vista
Por meus sonhos se perde?
De que é que a minha alma dista?

[1914? 1915?]

Meu pensamento é um rio subterrâneo.
Para que terras vai e donde vem?
Não sei... Na noite em que o meu ser o tem
Emerge dele um ruído subitâneo

De origens no Mistério extraviadas
De eu compreendê-las..., misteriosas fontes
Habitando a distância de ermos montes
Onde os momentos são a Deus chegados...

De vez em quando luze em minha mágoa,
Como um farol num mar desconhecido,
Um movimento de correr, perdido
Em mim, um pálido soluço de água...

E eu relembro de tempos mais antigos
Que a minha consciência da ilusão
Águas divinas percorrendo o chão
De verdores uníssonos e amigos,

E a ideia de uma Pátria anterior
À forma consciente do meu ser
Dói-me no que desejo, e vem bater
Como uma onda de encontro à minha dor.

Escuto-o... Ao longe, no meu vago tato
Da minha alma, perdido som incerto,
Como um eterno rio indescoberto,
Mais que a ideia de rio certo e abstrato...

E p'ra onde é que ele vai, que se extravia
Do meu ouvi-lo? A que cavernas desce?

Em que frios de Assombro é que arrefece?
De que névoas noturnas se anuvia?

Não sei... Eu perco-o... E outra vez regressa
A luz e a cor do mundo claro e atual,
E na interior distância do meu Real
Como se a alma acabasse, o rio cessa...

[1914? 1915?]

Não sei, ama, onde era,
Nunca o saberei...
Sei que era primavera
E o jardim do rei...
(Filha, quem o soubera!...)

Que azul tão azul tinha
Ali o azul do céu!
Se eu não era a rainha,
Por que era tudo meu?
(Filha, quem o adivinha?)

E o jardim tinha flores
De que não me sei lembrar...
Flores de tantas cores...
Penso e fico a chorar...
(Filha, os sonhos são dores...)

Qualquer dia viria
Qualquer coisa a fazer
Toda aquela alegria
Mais alegria nascer
(Filha, o resto é morrer...)

Conta-me contos, ama...
Todos os contos são
Esse dia, e jardim e a dama
Que eu fui nessa solidão...

23 de maio de 1916

Passos da Cruz

I

Esqueço-me das horas transviadas...
O Outono mora mágoas nos outeiros
E põe um roxo vago nos ribeiros...
Hóstia de assombro a alma, e toda estradas...

Aconteceu-me esta paisagem, fadas
De sepulcros a orgíaco... Trigueiros
Os céus da tua face, e os derradeiros
Tons do poente segredam nas arcadas...

No claustro sequestrando a lucidez
Um espasmo apagado em ódio à ânsia
Põe dias de ilhas vistas do convés

No meu cansaço perdido entre os gelos,
E a cor do outono é um funeral de apelos
Pela estrada da minha dissonância...

II

Há um poeta em mim que Deus me disse...
A Primavera esquece nos barrancos
As grinaldas que trouxe dos arrancos
Da sua efêmera e espectral ledice...

Pelo prado orvalhado a meninice
Faz soar a alegria os seus tamancos...

Pobre de anseios teu ficar nos bancos
Olhando a hora como quem sorrisse...

Florir do dia a capiteis de Luz...
Violinos do silêncio enternecidos...
Tédio onde o só ter tédio nos seduz...

Minha alma beija o quadro que pintou...
Sento-me ao pé dos séculos perdidos
E cismo o seu perfil de inércia e voo...

III

Adagas cujas joias velhas galas...
Opalesci amar-me entre mãos raras,
E fluido a febres entre um lembrar de aras,
O convés sem ninguém cheio de malas...

O íntimo silêncio das opalas
Conduz orientes até joias caras,
E o meu anseio vai nas rotas claras
De um grande sonho cheio de ócio e salas...

Passa o cortejo imperial, e ao longe
O povo só pelo cessar das lanças
Sabe que passa o seu tirano, e estruge

Sua ovação, e erguem as crianças...
Mas no teclado as tuas mãos pararam
E indefinidamente repousaram...

IV

Ó tocadora de harpa, se eu beijasse
Teu gesto, sem beijar as tuas mãos!,
E, beijando-o, descesse p'los desvãos
Do sonho, até que enfim eu o encontrasse

Tornado Puro Gesto, gesto-face
Da medalha sinistra — reis cristãos
Ajoelhando, inimigos e irmãos,
Quando processional o andor passasse!...

Teu gesto que arrepanha e se extasia...
O teu gesto completo, lua fria
Subindo, e embaixo, negros, os juncais...

Caverna em estalactites o teu gesto...
Não poder eu prendê-lo, fazer mais
Que vê-lo e que perdê-lo!... E o sonho é o resto...

V

Tênue, roçando sedas pelas horas,
Teu vulto ciciante passa e esquece,
E dia a dia adias para prece
O rito cujo ritmo só decoras...

Um mar longínquo e próximo umedece
Teus lábios onde, mais que em ti, descoras...
E, alada, leve, sobre a dor que choras,
Sem qu'rer saber de ti a tarde desce...

Erra no anteluar a voz dos tanques...
Na quinta imensa gorgolejam águas,
Na treva vaga ao meu ter dor estanques...

Meu império é das horas desiguais,
E dei meu gesto lasso às algas mágoas
Que há para além de sermos outonais...

VI

Venho de longe e trago no perfil,
Em forma nevoenta e afastada,
O perfil de outro ser que desagrada
Ao meu atual recorte humano e vil.

Outrora fui talvez, não Boabdil,
Mas o seu mero último olhar, da estrada
Dado ao deixado vulto de Granada,
Recorte frio sob o unido anil...

Hoje sou a saudade imperial
Do que já na distância de mim vi...
Eu próprio sou aquilo que perdi...

E nesta estrada para Desigual
Florem em esguia glória marginal
Os girassóis do império que morri...

VII

Fosse eu apenas, não sei onde ou como,
Uma coisa existente sem viver,

Noite de Vida sem amanhecer
Entre as sirtes do meu dourado assomo...

Fada maliciosa ou incerto gnomo
Fadado houvesse de não pertencer
Meu intuito gloríola com ter
A árvore do meu uso o único pomo...

Fosse eu uma metáfora somente
Escrita nalgum livro insubsistente
Dum poeta antigo, de alma em outras gamas,

Mas doente, e, num crepúsculo de espadas,
Morrendo entre bandeiras desfraldadas
Na última tarde de um império em chamas...

VIII

Ignorado ficasse o meu destino
Entre pálios (e a ponte sempre à vista),
E anel concluso a chispas de ametista
A frase falha do meu póstumo hino...

Florescesse em meu glabro desatino
O himeneu das escadas da conquista
Cuja preguiça, arrecadada, dista
Almas do meu impulso cristalino...

Meus ócios ricos assim fossem, vilas
Pelo campo romano, e a toga traça
No meu soslaio anônimas (desgraça

A vida) curvas sob mãos intranqüilas...
E tudo sem Cleópatra teria
Findado perto de onde raia o dia...

IX

Meu coração é um pórtico partido
Dando excessivamente sobre o mar.
Vejo em minha alma as velas vãs passar
E cada vela passa num sentido.

Um soslaio de sombras e ruído
Na transparente solidão do ar
Evoca estrelas sobre a noite estar
Em afastados céus o pórtico ido...

E em palmares de Antilhas entrevistas
Através de, com mãos eis apartados
Os sonhos, cortinados de ametistas,

Imperfeito o sabor de compensando
O grande espaço entre os troféus alçados
Ao centro do triunfo em ruído e bando...

X

Aconteceu-me do alto do infinito
Esta vida. Através de nevoeiros,
Do meu próprio ermo ser fumos primeiros,
Vim ganhando, e através estranhos ritos

De sombra e luz ocasional, e gritos
Vagos ao longe, e assomos passageiros
De saudade incógnita, luzeiros
De divino, este ser fosco e proscrito...

Caiu chuva em passados que fui eu.
Houve planícies de céu baixo e neve
Nalguma coisa de alma do que é meu.

Narrei-me à sombra e não me achei sentido.
Hoje sei-me o deserto onde Deus teve
Outrora a sua capital de olvido...

XI

Não sou eu quem descrevo. Eu sou a tela
E oculta mão colora alguém em mim.
Pus a alma no nexo de perdê-la
E o meu princípio floresceu em Fim.

Que importa o tédio que dentro em mim gela,
E o leve Outono, e as galas, e o marfim,
E a congruência da alma que se vela
Como os sonhados pálios de cetim?

Disperso... E a hora como um leque fecha-se...
Minha alma é um arco tendo ao fundo o mar...
O tédio? A mágoa? A vida? O sonho? Deixa-se...

E, abrindo as asas sobre Renovar,
A erma sombra do voo começado
Pestaneja no campo abandonado...

XII

Ela ia, tranqüila pastorinha,
Pela estrada da minha imperfeição.
Seguia-a, como um gesto de perdão,
O seu rebanho, a saudade minha...

"Em longes terras hás de ser rainha"
Um dia lhe disseram, mas em vão...
Seu vulto perde-se na escuridão...
Só sua sombra ante meus pés caminha...

Deus te dê lírios em vez desta hora,
E em terras longe do que eu hoje sinto
Serás, rainha não, mas só pastora —

Só sempre a mesma pastorinha a ir,
E eu serei teu regresso, esse indistinto
Abismo entre o meu sonho e o meu porvir...

XIII

Emissário de um rei desconhecido,
Eu cumpro informes instruções de além,
E as bruscas frases que aos meus lábios vêm
Soam-me a um outro e anômalo sentido...

Inconscientemente me divido
Entre mim e a missão que o meu ser tem,
E a glória do meu Rei dá-me o desdém
Por este humano povo entre quem lido...

Não sei se existe o Rei que me mandou.
Minha missão será eu a esquecer,
Meu orgulho o deserto em que em mim estou...

Mas há! Eu sinto-me altas tradições
De antes de tempo e espaço e vida e ser...
Já viram Deus as minhas sensações...

XIV

Como uma voz de fonte que cessasse
(E uns para os outros nossos vãos olhares
Se admiraram), p'ra além dos meus palmares
De sonho, a voz que do meu tédio nasce

Parou... Apareceu já sem disfarce
De música longínqua, asas nos ares,
O mistério silente como os mares,
Quando morreu o vento e a calma pasce...

A paisagem longínqua só existe
Para haver nela um silêncio em descida
P'ra o mistério, silêncio a que a hora assiste...

E, perto ou longe, grande lago mudo,
O mundo, o informe mundo onde há a vida...
E Deus, a Grande Ogiva ao fim de tudo...

1914-1916

Há no firmamento
Um frio lunar.
Um vento nevoento
Vem de ver o mar.

Quase maresia
A hora interroga,
E uma angústia fria
Indistinta voga.

Não sei o que faça,
Não sei o que penso,
O frio não passa
E o tédio é imenso.

Não tenho sentido,
Alma ou intenção...
'Stou no meu olvido...
Dorme, coração...

11 de março de 1917

Súbita mão de algum fantasma oculto
Entre as dobras da noite e do meu sono
Sacode-me e eu acordo, e no abandono
Da noite não enxergo gesto ou vulto.

Mas um terror antigo, que insepulto
Trago no coração, como de um trono
Desce e se afirma meu senhor e dono
Sem ordem, sem meneio e sem insulto.

E eu sinto a minha vida de repente
Presa por uma corda de Inconsciente
A qualquer mão noturna que me guia.

Sinto que sou ninguém salvo uma sombra
De um vulto que não vejo e que me assombra,
E em nada existo como a treva fria.

14 de março de 1917

Para onde vai a minha vida, e quem a leva?
Por que faço eu sempre o que não queria?
Que destino contínuo se passa em mim na treva?
Que parte de mim, que eu desconheço, é que me guia?

O meu destino tem um sentido e tem um jeito,
A minha vida segue uma rota e uma escala,
Mas o consciente de mim é o esboço imperfeito
Daquilo que faço e que sou; não me iguala.

Não me compreendo nem no que, compreendendo, faço.
Não atinjo o fim ao que faço pensando num fim.
É diferente do que é o prazer ou a dor que abraço.
Passo, mas comigo não passa um eu que há em mim.

Quem sou, senhor, na tua treva e no teu fumo?
Além da minha alma, que outra alma há na minha?
Por que me destes o sentimento de um rumo,
Se o rumo que busco não busco, se em mim nada caminha

Senão com um uso não meu dos meus passos, senão
Com um destino escondido de mim nos meus atos?
Para que sou consciente se a consciência é uma ilusão?
Que sou eu entre quê e os fatos?

Fechai-me os olhos, toldai-me a vista da alma!
Ó ilusões! se eu nada sei de mim e da vida,
Ao menos goze esse nada, sem fé, mas com calma,
Ao menos durma viver, como uma praia esquecida...

5 de junho de 1917

Intervalo

Quem te disse ao ouvido esse segredo
Que raras deusas têm escutado —
Aquele amor cheio de crença e medo
Que é verdadeiro só se é segredado?...
Quem to disse tão cedo?

Não fui eu, que te não ousei dizê-lo.
Não foi um outro, porque o não sabia.
Mas quem roçou da testa teu cabelo
E te disse ao ouvido o que sentia?
Seria alguém, seria?

Ou foi só que o sonhaste e eu te o sonhei?
Foi só qualquer ciúme meu de ti
Que o supôs dito, porque o não direi,
Que o supôs feito, porque o só fingi
Em sonhos que nem sei?

Seja o que for, quem foi que levemente,
A teu ouvido vagamente atento,
Te falou desse amor em mim presente
Mas que não passa do meu pensamento
Que anseia e que não sente?

Foi um desejo que, sem corpo ou boca,
A teus ouvidos de eu sonhar-te disse
A frase eterna, imerecida e louca —
A que as deusas esperam da ledice
Com que o Olimpo se apouca.

[1917?]

Episódio / A Múmia

I

Andei léguas de sombra
Dentro em meu pensamento.
Floresceu às avessas
Meu ócio com sem-nexo,
E apagaram-se as lâmpadas
Na alcova cambaleante.

Tudo prestes se volve
Um deserto macio
Visto pelo meu tato
Dos veludos da alcova,
Não pela minha vista.
Há um oásis no Incerto
E, como uma suspeita
De luz por não-há-frinchas,
Passa uma caravana.

Esquece-me de súbito
Como é o espaço, e o tempo
Em vez de horizontal
É vertical.

    A alcova
Desce não sei por onde
Até não me encontrar.
Ascende um leve fumo
Das minhas sensações.

Deixo de me incluir
Dentro de mim. Não há
Cá-dentro nem lá-fora.
E o deserto está agora
Virado para baixo.

A noção de mover-me
Esqueceu-se do meu nome.
Na alma meu corpo pesa-me.
Sinto-me um reposteiro
Pendurado na sala
Onde jaz alguém morto.

Qualquer coisa caiu
E tiniu no infinito.

II

Na sombra Cleópatra jaz morta.
Chove.

Embandeiraram o barco de maneira errada.
Chove sempre.

Para que olhas tu a cidade longínqua?
Tua alma é a cidade longínqua.
Chove friamente.

E quanto à mãe que embala ao colo um filho morto —
Todos nós embalamos ao colo um filho morto.
Chove, chove.

O sorriso triste que sobra a teus lábios cansados,
Vejo-o no gesto com que os teus dedos não deixam os
[teus anéis.
Por que é que chove?

III

De quem é o olhar
Que espreita por meus olhos?
Quando penso que vejo,
Quem continua vendo
Enquanto estou pensando?
Por que caminhos seguem,
Não os meus tristes passos,
Mas a realidade
De eu ter passos comigo?

Às vezes, na penumbra
Do meu quarto, quando eu
Para mim próprio mesmo
Em alma mal existo,
Toma um outro sentido
Em mim o Universo —
É uma nódoa esbatida
De eu ser consciente sobre
Minha ideia das coisas.

Se acenderem as velas
E não houver apenas
A vaga luz de fora —
Não sei que candeeiro
Aceso onde na rua —

Terei foscos desejos
De nunca haver mais nada
No Universo e na Vida
De que o obscuro momento
Que é minha vida agora:

Um momento afluente
Dum rio sempre a ir
Esquecer-se de ser,
Espaço misterioso
Entre espaços desertos
Cujo sentido é nulo
E sem ser nada a nada.
E assim a hora passa
Metafisicamente.

IV

As minhas ansiedades caem
Por uma escada abaixo.
Os meus desejos balouçam-se.
Em meio de um jardim vertical.

Na Múmia a posição é absolutamente exata.

Música longínqua,
Música excessivamente longínqua,
Para que a Vida passe
E colher esqueça aos gestos.

V

Por que abrem as coisas alas para eu passar?
Tenho medo de passar entre elas, tão paradas
                             [conscientes.
Tenho medo de as deixar atrás de mim a tirarem a
                             [Máscara.

Mas há sempre coisas atrás de mim.
Sinto a sua ausência de olhos fitar-me, e estremeço.
Sem se mexerem, as paredes vibram-me sentido.
Falam comigo sem voz de dizerem-me as cadeiras.
Os desenhos do pano da mesa têm vida, cada um é
                             [um abismo.
Luze a sorrir com visíveis lábios invisíveis
A porta abrindo-se conscientemente
Sem que a mão seja mais que o caminho para abrir-se.
De onde é que estão olhando para mim?
Que coisas incapazes de olhar estão olhando para mim?
Quem espreita de tudo?

As arestas fitam-me.
Sorriem realmente as paredes lisas.

Sensação de ser só a minha espinha.

As espadas.

                                  [anterior a 1917]

Ficções do interlúdio

I / Plenilúnio

As horas pela alameda
Arrastam vestes de seda,

Vestes de seda sonhada
Pela alameda alongada

Sob o azular do luar...
E ouve-se no ar a expirar —

A expirar mas nunca expira —
Uma flauta que delira,

Que é mais a ideia de ouvi-la
Que ouvi-la quase tranqüila

Pelo ar a ondear e a ir...
Silêncio a tremeluzir...

II / Saudade dada

Em horas inda louras, lindas
Clorindas e Belindas, brandas,
Brincam no tempo das berlindas,
As vindas vendo das varandas.
De onde ouvem vir a rir as vindas
Fitam a fio as frias bandas.

Mas em torno à tarde se entorna
A atordoar o ar que arde
Que a eterna tarde já não torna!
E em tom de atoarda todo o alarde
Do adornado ardor transtorna
No ar de torpor da tarda tarde.

E há nevoentos desencantos
Dos encantos dos pensamentos
Nos santos lentos dos recantos
Dos bentos cantos dos conventos...
Prantos de intentos, lentos, tantos
Que encantam os atentos ventos.

III / Pierrô bêbedo

Nas ruas da feira,
Da feira deserta,
Só a lua cheia
Branqueia e clareia
As ruas da feira
Na noite entreaberta.

Só a lua alva
Branqueia e clareia
A paisagem calva
De abandono e alva
Alegria alheia.

Bêbeda branqueia
Como pela areia
Nas ruas da feira,

Da feira deserta,
Na noite já cheia
De sombra entreaberta.

A lua baqueia
Nas ruas da feira
Deserta e incerta...

IV / Minuete invisível

Elas são vaporosas,
Pálidas sombras, as rosas
Nadas da hora lunar...

Vêm, aéreas, dançar
Com perfumes soltos
Entre os canteiros e os buxos...
Chora no som dos repuxos
O ritmo que há nos seus vultos...

Passam e agitam a brisa...
Pálida, a pompa indecisa
Da sua flébil demora
Paira em auréola à hora...

Passam nos ritmos da sombra...
Ora é uma folha que tomba,
Ora uma brisa que treme
Sua leveza solene...

E assim vão indo, delindo
Seu perfil único e lindo,

Seu vulto feito de todas,
Nas alamedas, em rodas,
No jardim lívido e frio...

Passam sozinhas, a fio,
Como um fumo indo, a rarear,
Pelo ar longínquo e vazio,
Sob o, disperso pelo ar,
Pálido pálio lunar...

V / Hiemal

Baladas de uma outra terra, aliadas
Às saudades das fadas, amadas por gnomos idos,
Retinem lívidas ainda aos ouvidos
Dos luares das altas noites aladas...
Pelos canais barcas erradas
Segredam-se rumos descridos...

E tresloucadas ou casadas com o som das baladas,
As fadas são belas, e as estrelas
São delas... Ei-las alheadas...

E são fumos os rumos das barcas sonhadas,
Nos canais fatais iguais de erradas,
As barcas parcas das fadas,
Das fadas aladas e hiemais
E caladas...

Toadas afastadas, irreais, de baladas...
Ais...

1913-1917

O sol às casas, como a montes,
Vagamente doura.
Na cidade sem horizontes
Uma tristeza loura.

Com a sombra da tarde desce
E um pouco dói
Porque quanto é tarde
Tudo quanto foi.

Nesta hora mais que em outra choro
O que perdi.
Em cinza e ouro o rememoro
E nunca o vi.

Felicidade por nascer,
Mágoa a acabar,
Ânsia de só aquilo ser
Que há de ficar —

Sussurro sem que se ouça, palma
Da isenção.
Ó tarde, fica noite, e alma
Tenha perdão.

25 de dezembro de 1918

Ah! A angústia, a raiva vil, o desespero
De não poder confessar
Num tom de grito, num último grito austero
Meu coração a sangrar!

Falo, e as palavras que digo são um som
Sofro, e sou eu.
Ah! Arrancar a música o segredo do tom
Do grito seu!

Ah! Fúria de a dor nem ter sorte em gritar,
De o grito não ter
Alcance maior que o silêncio, que volta, do ar
Na noite sem ser!

15 de janeiro de 1920

Onde pus a esperança, as rosas
Murcharam logo.
Na casa, onde fui habitar,
O jardim, que eu amei por ser
Ali o melhor lugar,
E por quem essa casa amei —
Deserto o achei,
E, quando o tive, sem razão p'ra o ter.

Onde pus a afeição, secou
A fonte logo.
Da floresta, que fui buscar
Por essa fonte ali tecer
Seu canto de rezar —
Quando na sombra penetrei,
Só o lugar achei
Da fonte seca, inútil de se ter.

P'ra que, pois, afeição, 'sperança,
Se perco, logo
Que as uso, a causa p'ra as usar,
Se tê-las sabe a não as ter?
Crer ou amar —
Até à raiz, do peito onde alberguei
Tais sonhos e os gozei,
O vento arranque e leve onde quiser
E eu os não possa achar!

16 de fevereiro de 1920

Abdicação

Toma-me, ó noite eterna, nos teus braços
E chama-me teu filho.
                        Eu sou um rei
Que voluntariamente abandonei
O meu trono de sonhos e cansaços.

Minha espada, pesada a braços lassos,
Em mãos viris e calmas entreguei;
E meu cetro e coroa — eu os deixei
Na antecâmara, feitos em pedaços.

Minha cota de malha, tão inútil,
Minhas esporas, de um tinir tão fútil,
Deixei-as pela fria escadaria.

Despi a realeza, corpo e alma,
E regressei à noite antiga e calma
Como a paisagem ao morrer do dia.

[fevereiro de 1920?]

Ah, quanta vez, na hora suave
Em que me esqueço,
Vejo passar um voo de ave
E me entristeço!

Por que é ligeiro, leve, certo
No ar de amavio?
Por que vai sob o céu aberto
Sem um desvio?

Por que ter asas simboliza
A liberdade
Que a vida nega e a alma precisa?
Sei que me invade

Um horror de me ter que cobre
Como uma cheia
Meu coração, e entorna sobre
Minh'alma alheia

Um desejo, não de ser ave,
Mas de poder
Ter não sei que do voo suave
Dentro em meu ser.

5 de agosto de 1921

Feliz dia para quem é
O igual do dia,
E no exterior azul que vê
Simples confia!

O azul do céu faz pena a quem
Não pode ter
Na alma um azul do céu também
Com que viver.

Ah, e se o verde com que estão
Os montes quedos
Pudesse haver no coração
E em seus segredos!

Mas vejo quem devia estar
Igual do dia
Insciente e sem querer passar.
Ah, a ironia

De só sentir a terra e o céu
Tão belos ser
    Quem de si sente que perdeu
    A alma p'ra os ter!

5 de agosto de 1921

Natal

Nasce um Deus. Outros morrem. A Verdade
Nem veio nem se foi: o Erro mudou.
Temos agora uma outra Eternidade,
E era sempre melhor o que passou.

Cega, a Ciência a inútil gleba lavra.
Louca, a Fé vive o sonho do seu culto.
Um novo deus é só uma palavra.
Não procures nem creias: tudo é oculto.

[sem data]

No entardecer da terra
O sopro do longo Outono
Amareleceu o chão.
Um vago vento erra,
Como um sonho mau num sono,
Na lívida solidão.

Soergue as folhas, e pousa
As folhas, e volve, e revolve,
E esvai-se inda outra vez.
Mas a folha não repousa,
E o vento lívido volve
E expira na lividez.

Eu já não sou quem era;
O que eu sonhei, morri-o;
E até do que hoje sou
Amanhã direi, quem dera
Volver a sê-lo!... Mais frio
O vento vago voltou.

[anterior a 1924]

Ó sino da minha aldeia,
Dolente na tarde calma,
Cada tua badalada
Soa dentro da minha alma.

E é tão lento o teu soar,
Tão como triste da vida,
Que já a primeira pancada
Tem o som de repetida.

Por mais que me tanjas perto
Quando passo, sempre errante,
És para mim como um sonho.
Soas-me na alma distant.

A cada pancada tua,
Vibrante no céu aberto,
Sinto mais longe o passado,
Sinto a saudade mais perto.

[1913?]

Leve, breve, suave,
Um canto de ave
Sobe no ar com que principia
O dia.
Escuto, e passou...
Parece que foi só porque escutei
Que parou.

Nunca, nunca, em nada,
Raie a madrugada,
Ou 'splenda o dia, ou doure no declive,
Tive
Prazer a durar
Mais do que o nada, a perda, antes de eu o ir
Gozar.

[15 de janeiro de 1920?]

Pobre velha música!
Não sei por que agrado,
Enche-se de lágrimas
Meu olhar parado.

Recordo outro ouvir-te.
Não sei se te ouvi
Nessa minha infância
Que me lembra em ti.

Com que ânsia tão raiva
Quero aquele outrora!
E eu era feliz? Não sei:
Fui-o outrora agora.

[anterior a 1924]

Dorme enquanto eu velo...
Deixa-me sonhar...
Nada em mim é risonho.
Quero-te para sonho,
Não para te amar.

A tua carne calma
É fria em meu querer.
Os meus desejos são cansaços.
Nem quero ter nos braços
Meu sonho do teu ser.

Dorme, dorme, dorme,
Vaga em teu sorrir...
Sonho-te tão atento
Que o sonho é encantamento
E eu sonho sem sentir.

[anterior a 1924]

Sol nulo dos dias vãos,
Cheios de lida e de calma,
Aquece ao menos as mãos
A quem não entras na alma!

Que ao menos a mão, roçando
A mão que por ela passe,
Com externo calor brando
O frio da alma disfarce!

Senhor, já que a dor é nossa
E a fraqueza que ela tem,
Dá-nos ao menos a força
De a não mostrar a ninguém!

[15 de janeiro de 1920?]

Trila na noite uma flauta. É de algum
Pastor? Que importa? Perdida
Série de notas vaga e sem sentido nenhum,
Como a vida.

Sem nexo ou princípio ou fim ondeia
A ária alada.
Pobre ária fora de música e de voz tão cheia
De não ser nada!

Não há nexo ou fio por que se lembre aquela
Ária, ao parar;
E já ao ouvi-la sofro a saudade dela
E o quando cessar.

[anterior a 1924]

Põe-me as mãos nos ombros...
Beija-me na fronte...
Minha vida é escombros,
A minha alma insonte.

Eu não sei por quê,
Meu desde onde venho,
Sou o ser que vê,
E vê tudo estranho.

Põe a tua mão
Sobre o meu cabelo...
Tudo é ilusão.
Sonhar é sabê-lo.

[25 de junho de 1912?]

Manhã dos outros! Ó sol que dás confiança
    Só a quem já confia!
É só à dormente, e não à morta,'sperança
    Que acorda o teu dia.

A quem sonha de dia e sonha de noite, sabendo
    Todo sonho vão,
Mas sonha sempre, só para sentir-se vivendo
    E a ter coração,

A esses raias sem o dia que trazes, ou somente
    Como alguém que vem
Pela rua, invisível ao nosso olhar consciente,
    Por não ser-nos ninguém.

[15 de janeiro de 1920?]

Treme em luz a água.
Mal vejo. Parece
Que uma alheia mágoa
Na minha alma desce —

Mágoa erma de alguém
De algum outro mundo
Onde a dor é um bem
E o amor é profundo,

E só punge ver,
Ao longe, iludida,
A vida a morrer
O sonho da vida.

[15 de janeiro de 1920?]

Dorme sobre o meu seio,
Sonhando de sonhar...
No teu olhar eu leio
Um lúbrico vagar.
Dorme no sonho de existir
E na ilusão de amar.

Tudo é nada, e tudo
Um sonho finge ser.
O 'spaço negro é mudo.
Dorme, e, ao adormecer,
Saibas do coração sorrir
Sorrisos de esquecer.

Dorme sobre o meu seio,
Sem mágoa nem amor...

No teu olhar eu leio
O íntimo torpor
De quem conhece o nada-ser
De vida e gozo e dor.

[anterior a 1924]

Ao longe, ao luar,
No rio uma vela,
Serena a passar,
Que é que me revela?

Não sei, mas meu ser
Tornou-se-me estranho,
E eu sonho sem ver
Os sonhos que tenho.

Que angústia me enlaça?
Que amor não se explica?
É a vela que passa
Na noite que fica.

[anterior a 1924]

Em toda a noite o sono não veio. Agora
   Raia do fundo
Do horizonte, encoberta e fria, a manhã.
   Que faço eu no mundo?
Nada que a noite acalme ou levante a aurora,
   Coisa seria ou vã.

Com olhos tontos da febre vã da vigília
   Vejo com horror
O novo dia trazer-me o mesmo dia do fim
   Do mundo e da dor —
Um dia igual aos outros, da eterna família
   De serem assim.

Nem o símbolo ao menos vale, a significação
   Da manhã que vem
Saindo lenta da própria essência da noite que era,
   Para quem,
Por tantas vezes ter sempre 'sperado em vão,
   Já nada 'spera.

[14 de janeiro de 1920?]

Ela canta, pobre ceifeira,
Julgando-se feliz talvez;
Canta, e ceifa, e a sua voz, cheia
De alegre e anônima viuvez,

Ondula como um canto de ave
No ar limpo como um limiar,
E há curvas no enredo suave
Do som que ela tem a cantar.

Ouvi-la alegra e entristece,
Na sua voz há o campo e a lida,
E canta como se tivesse
Mais razões p'ra cantar que a vida.

Ah, canta, canta sem razão!
O que em mim sente 'stá pensando.
Derrama no meu coração
A tua incerta voz ondeando!

Ah, poder ser tu, sendo eu!
Ter a tua alegre inconsciência,
E a consciência disso! Ó céu!
Ó campo! Ó canção! A ciência

Pesa tanto e a vida é tão breve!
Entrai por mim dentro! Tornai
Minha alma a vossa sombra leve!
Depois, levando-me, passai!

[1914?]

Sonho. Não sei quem sou neste momento.
Durmo sentindo-me. Na hora calma
Meu pensamento esquece o pensamento,
   Minha alma não tem alma.

Se existo é um erro eu o saber. Se acordo
Parece que erro. Sinto que não sei.
Nada quero nem tenho nem recordo.
   Não tenho ser nem lei.

Lapso da consciência entre ilusões,
Fantasmas me limitam e me contêm.
Dorme insciente de alheios corações,
   Coração de ninguém.

6 de janeiro de 1923

Nada sou, nada posso, nada sigo.
Trago, por ilusão, meu ser comigo.
Não compreendo compreender, nem sei
Se hei de ser, sendo nada, o que serei.

Fora disto, que é nada, sob o azul
Do lato céu um vento vão do sul
Acorda-me e estremece no verdor.
Ter razão, ter vitória, ter amor

Murcharam na haste morta da ilusão.
Sonhar é nada e não saber é vão.
Dorme na sombra, incerto coração.

6 de janeiro de 1923

Não é ainda a noite
Mas é já frio o céu.
Do vento o ocioso açoite
Envolve o tédio meu.

Que vitórias perdidas
Por não as ter querido!
Quantas perdidas vidas!
E o sonho sem ter sido...

Ergue-te, ó vento, do ermo
Da noite que aparece!
Há um silêncio sem termo
Por trás do que estremece...

Pranto dos sonhos fúteis,
Que a memória acordou,
Inúteis, tão inúteis —
Quem me dirá quem sou?

27 de maio de 1926

Pouco importa de onde a brisa
Traz o olor que nela vem.
O coração não precisa
De saber o que é o bem.

A mim me baste nesta hora
A melodia que embala.
Que importa se, sedutora,
As forças da alma cala?

Quem sou, p'ra que o mundo perca
Com o que penso a sonhar?
Se a melodia me cerca
Vivo só o me cercar...

29 de setembro de 1926

O menino da sua mãe

No plaino abandonado
Que a morna brisa aquece,
De balas traspassado
— Duas, de lado a lado —,
Jaz morto, e arrefece.

Raia-lhe a farda o sangue.
De braços estendidos,
Alvo, louro, exangue,
Fita com olhar langue
E cego os céus perdidos.

Tão jovem! que jovem era!
(Agora que idade tem?)
Filho único, a mãe lhe dera
Um nome e o mantivera:
"O menino da sua mãe".

Caiu-lhe da algibeira
A cigarreira breve.
Dera-lhe a mãe. Está inteira
E boa a cigarreira.
Ele é que já não serve.

De outra algibeira, alada
Ponta a rogar o solo,
A brancura embainhada
De um lenço... Deu-lho a criada
Velha que o trouxe ao colo.

Lá longe, em casa, há a prece:
"Que volte cedo, e bem!"
(Malhas que o Império tece!)
Jaz morto, e apodrece,
O menino da sua mãe.

[anterior a 1926]

Marinha

Ditosos a quem acena
Um lenço de despedida!
São felizes: têm pena...
Eu sofro sem pena a vida.

Dôo-me até onde penso,
E a dor é já de pensar,
Órfão de um sonho suspenso
Pela maré a vazar...

E sobe até mim, já farto
De improfícuas agonias,
No cais de onde nunca parto,
A maresia dos dias.

[anterior a junho de 1927]

Paira à tona de água
Uma vibração,
Há uma vaga mágoa
No meu coração.

Não é porque a brisa
Ou o que quer que seja
Faça esta indecisa
Vibração que adeja,

Nem é porque eu sinta
Uma dor qualquer.
Minha alma é indistinta,
Não sabe o que quer.

É uma dor serena,
Sofre porque vê.
Tenho tanta pena!
Soubesse eu de quê!...

14 de março de 1928

Qualquer música

Qualquer música, ah, qualquer,
Logo que me tire da alma
Esta incerteza que quer
Qualquer impossível calma!

Qualquer música — guitarra,
Viola, harmônio, realejo...
Um canto que se desgarra...
Um sonho em que nada vejo...

Qualquer coisa que não vida!
Jota, fado, a confusão
Da última dança vivida...
Que eu não sinta o coração!

[anterior a março de 1928]

Depois da feira

Vão vagos pela estrada,
Cantando sem razão
A última esp'rança dada
À última ilusão.
Não significam nada.
Mimos e bobos são.

Vão juntos e diversos
Sob um luar de ver,
Em que sonhos imersos
Nem saberão dizer,
E cantam aqueles versos
Que lembram sem querer.

Pajens de um morto mito,
Tão líricos!, tão sós!,
Não têm na voz um grito,
Mal têm a própria voz;
E ignora-os o infinito
Que nos ignora a nós.

[22 de maio de 1927?]

Natal... Na província neva.
Nos lares aconchegados,
Um sentimento conserva
Os sentimentos passados.

Coração oposto ao mundo,
Como a família é verdade!
Meu pensamento é profundo,
'Stou só e sonho saudade.

E como é branca de graça
A paisagem que não sei,
Vista de trás da vidraça
Do lar que nunca terei!

[anterior a 30 de dezembro de 1928]

Tenho dó das estrelas
Luzindo há tanto tempo,
Há tanto tempo...
Tenho dó delas.

Não haverá um cansaço
Das coisas,
De todas as coisas,
Como das pernas ou de um braço?

Um cansaço de existir,
De ser,
Só de ser,
O ser triste brilhar ou sorrir...

Não haverá, enfim,
Para as coisas que são,
Não a morte, mas sim
Uma outra espécie de fim,
Ou uma grande razão —
Qualquer coisa assim
Como um perdão?

[anterior a 1928?]

Abajur

A lâmpada acesa
(Outrem a acendeu)
Baixa uma beleza
Sobre o chão que é meu.

No quarto deserto
Salvo o meu sonhar,
Faz no chão incerto
Um círculo a ondear.

E entre a sombra e a luz
Que oscila no chão
Meu sonho conduz
Minha inatenção.

Bem sei... Era dia
E longe de aqui...
Quanto me sorria
O que nunca vi!

E no quarto silente
Com a luz a ondear
Deixei vagamente
Até de sonhar...

28 de fevereiro de 1929

Um muro de nuvens densas
Põe na base do ocidente
Negras roxuras pretensas.

Com a noite tudo acaba.
O céu frio e transparente.
Nada de chuva desaba.

E não sei se tenho pena
Ou alegria da ausente
Chuva e da noite serena.

De resto, nunca sei nada.
Minha alma é a sombra presente
De uma presença passada.

Meus sentimentos são rastros.
Só meu pensamento sente...
A noite esfria-se de astros.

1º de maio de 1929

Aqui na orla da praia, mudo e contente do mar,
Sem nada já que me atraia, nem nada que desejar,
Farei um sonho, terei meu dia, fecharei a vida,
E nunca terei agonia, pois dormirei de seguida.

A vida é como uma sombra que passa por sobre um rio
Ou como um passo na alfombra de um quarto que jaz
[vazio;
O amor é um sono que chega para o pouco ser que se é;
A glória concede e nega; não tem verdades a fé.

Por isso na orla morena da praia calada e só,
Tenho a alma feita pequena, livre de mágoa e de dó;
Sonho sem quase já ser, perco sem nunca ter tido,
E comecei a morrer muito antes de ter vivido.

Deem-me, onde aqui jazo, só uma brisa que passe,
Não quero nada do acaso, senão a brisa na face;
Deem-me um vago amor de quanto nunca terei,
Não quero gozo nem dor, não quero vida nem lei.

Só, no silêncio cercado pelo som brusco do mar,
Quero dormir sossegado, sem nada que desejar,
Quero dormir na distância de um ser que nunca foi seu,
Tocado do ar sem fragrância da brisa de qualquer céu.

10 de agosto de 1929

Como inútil taça cheia
Que ninguém ergue da mesa,
Transborda de dor alheia
Meu coração sem tristeza.

Sonhos de mágua figura
Só para ter que sentir
E assim não tem a amargura
Que se temeu a fingir.

Ficção num palco sem tábuas
Vestida de papel seda
Mima uma dança de mágoas
Para que nada suceda.

19 de agosto de 1930

Gomes Leal

Sagra, sinistro, a alguns o astro baço.
Seus três anéis irreversíveis são
A desgraça, a tristeza, a solidão.
Oito luas fatais fitam no espaço.

Este, poeta, Apolo em seu regaço
A Saturno entregou. A plúmbea mão
Lhe ergueu ao alto o aflito coração,
E, erguido, o apertou, sangrando lasso.

Inúteis oito luas da loucura
Quando a cintura tríplice denota
Solidão e desgraça e amargura!

Mas da noite sem fim um rastro brota,
Vestígios de maligna formosura:
É a lua além de Deus, álgida e ignota.

[27 de janeiro de 1924?]

Bóiam leves, desatentos,
Meus pensamentos de mágoa,
Como, no sono dos ventos,
As algas, cabelos lentos
Do corpo morto das águas.

Bóiam como folhas mortas
À tona de águas paradas.
São coisas vestindo nadas,
Pós remoinhando nas portas
Das casas abandonadas.

Sono de ser, sem remédio,
Vestígio do que não foi,
Leve mágoa, breve tédio,
Não sei se para, se flui;
Não sei se existe ou se dói.

4 de agosto de 1930

Contemplo o lago mudo
Que uma brisa estremece.
Não sei se penso em tudo
Ou se tudo me esquece.

O lago nada me diz,
Não sinto a brisa mexê-lo.
Não sei se sou feliz
Nem se desejo sê-lo.

Trêmulos vincos risonhos
Na água adormecida.
Por que fiz eu dos sonhos
A minha única vida?

4 de agosto de 1930

Às vezes entre a tormenta,
Quando já umedeceu,
Raia uma nesga de céu,
Com que a alma se alimenta.

E às vezes entre o torpor
Que não é tormenta da alma,
Raia uma espécie de calma
Que não conhece o langor.

E, quer num quer noutro caso,
Como o mal feito está feito,
Restam os versos que deito,
Vinho no copo do acaso.

Porque verdadeiramente
Sentir é tão complicado
Que só andando enganado
É que se crê que se sente.

Sofremos? Os versos pecam.
Mentimos? Os versos falham.
E tudo é chuvas que orvalham
Folhas caídas que secam.

28 de agosto de 1930

Dá a surpresa de ser.
É alta, de um louro escuro.
Faz bem só pensar em ver
Seu corpo meio maduro.

Seus seios altos parecem
(Se ela tivesse deitada)
Dois montinhos que amanhecem
Sem ter que haver madrugada.

E a mão do seu braço branco
Assenta em palmo espalhado
Sobre a saliência do flanco
Do seu relevo tapado.

Apetece como um barco.
Tem qualquer coisa de gomo.
Meu Deus, quando é que eu embarco?
Ó fome, quando é que eu como?

10 de setembro de 1930

Tenho dito tantas vezes
Quanto sofro sem sofrer
Que me canso dos revezes
Que sonho só p'ra os não ter.

E esta dor que não tem mágoa,
Esta tristeza intangível
Passa em mim como um som de água
Ouvido num outro nível.

E, de aí, talvez que seja
Uma nova antiga dor
Que outra vida minha esteja
Lembrando no meu torpor.

E é como a aragem que nasce
De ouvir música e sentir...
Ah, que a emoção em mim passe
Como se a estivesse a ouvir!

10 de novembro de 1930

Lenta e quieta a sombra vasta
Cobre o que vejo menos já.
Pouco somos, pouco nos basta.
O mundo tira o que nos dá.
Que nos contente o pouco que há.

A noite, vindo como nada,
Lembra-me quem deixei de ser,
A curva anônima da estrada
Faz-me lembrar, faz-me esquecer,
Faz-me ter pena e ter de a ter.

Ó largos campos já cinzentos
Na noite, para além de mim,
Vou amanhã meus pensamentos
Enterrar onde estais assim.
Vou ter aí sossego e fim.

Poesia! Nada! A hora desce
Sem qualidade ou emoção.
Meu coração o que é que esquece?
Se é o que eu sinto que foi vão,
Por que me dói o coração?

17 de novembro de 1930

Chove. É dia de Natal.
Lá para o Norte é melhor:
Há a neve que faz mal,
E o frio que ainda é pior.

E toda a gente é contente
Porque é dia de o ficar.
Chove no Natal presente.
Antes isso que nevar.

Pois apesar de ser esse
O Natal da convenção,
Quando o corpo me arrefece
Tenho o frio e Natal não.

Deixo sentir a quem quadra
E o Natal a quem o fez,
Pois se escrevo ainda outra quadra
Fico gelado dos pés.

25 de dezembro de 1930

Por trás daquela janela
Cuja cortina não muda
Coloco a visão daquela
Que a alma em si mesma estuda
No desejo que a revela.

Não tenho falta de amor.
Quem me queira não me falta.
Mas teria outro sabor
Se isso fosse interior
Àquela janela alta.

Por quê? Se eu soubesse, tinha
Tudo o que desejo ter.
Amei outrora a Rainha,
E há sempre na alma minha
Um trono por preencher.

Sempre que posso sonhar,
Sempre que não vejo, ponho
O trono nesse lugar;
Além da cortina é o lar,
Além da janela o sonho.

Assim, passando, entreteço
O artifício do caminho
E um pouco de mim me esqueço.
Pois mais nada à vida peço
Do que ser o seu vizinho.

25 de dezembro de 1930

O último sortilégio

"Já repeti o antigo encantamento,
E a grande Deusa aos olhos se negou.
Já repeti, nas pausas do amplo vento,
As orações cuja alma é um ser fecundo.
Nada me o abismo deu ou o céu mostrou.
Só o vento volta onde estou toda e só,
E tudo dorme no confuso mundo.

Outrora meu condão fadava as sarças
E a minha evocação do solo erguia
Presenças concentradas das que esparsas
Dormem nas formas naturais das coisas.
Outrora a minha voz acontecia.
Fadas e elfos, se eu chamasse, via,
E as folhas da floresta eram lustrosas.

Minha varinha, com que da vontade
Falava às existências essenciais,
Já não conhece a minha realidade.
Já, se o círculo traço, não há nada.
Murmura o vento alheio extintos ais,
E ao luar que sobe além dos matagais
Não sou mais do que os bosques ou a estrada.

Já me falece o dom com que me amavam.
Já me não torno a forma e o fim da vida
A quantos que, buscando-os, me buscavam.
Já, praia, o mar dos braços não me inunda.
Nem já me vejo ao sol saudado erguida,

Ou, em êxtase mágico perdida,
Ao luar, à boca da caverna funda.

Já as sacras potências infernais,
Que, dormentes sem deuses nem destino,
À substância das coisas são iguais,
Não ouvem minha voz ou os nomes seus.
A música partiu-se do meu hino.
Já meu furor astral não é divino
Nem meu corpo pensado é já um deus.

E as longínquas deidades do atro poço,
Que tantas vezes, pálida, evoquei
Com a raiva de amar em alvoroço,
Inevocadas hoje ante mim estão.
Como, sem que as amasse, eu as chamei,
Agora, que não amo, as tenho, e sei

Que meu vendido ser consumirão.
Tu, porém, Sol, cujo ouro me foi presa,
Tu, Lua, cuja prata converti,
Se já não podeis dar-me essa beleza
Que tantas vezes tive por querer,
Ao menos meu ser findo dividi —
Meu ser essencial se perca em si,

Só meu corpo sem mim fique alma e ser!
Converta-me a minha última magia
Numa estátua de mim em corpo vivo!
Morra quem sou, mas quem me fiz e havia,
Anônima presença que se beija,
Carne do meu abstrato amor cativo,

Seja a morte de mim em que revivo;
E tal qual fui, não sendo nada, eu seja!"

15 de outubro de 1930

Gato que brincas na rua
Como se fosse na cama,
Invejo a sorte que é tua
Porque nem sorte se chama.

Bom servo das leis fatais
Que regem pedras e gentes,
Que tens instintos gerais
E sentes só o que sentes.

És feliz porque és assim,
Todo o nada que és é teu.
Eu vejo-me e estou sem mim,
Conheço-me e não sou eu.

janeiro de 1931

Não: não digas nada!
Supor o que dirá
A tua boca velada
É ouvi-lo já

É ouvi-lo melhor
Do que o dirias.
O que és não vem à flor
Das frases e dos dias.

És melhor do que tu.
Não digas nada: sê!
Graça do corpo nu
Que invisível se vê.

5 e 6 de fevereiro de 1931

De onde é quase o horizonte
Sobe uma névoa ligeira
E afaga o pequeno monte
Que para na dianteira.

E com braços de farrapo
Quase invisíveis e frios,
Faz cair seu ser de trapo
Sobre os contornos macios.

Um pouco de alto medito
A névoa só com a ver.
A vida? Não acredito.
A crença? Não sei viver.

4 de março de 1931

Vaga, no azul amplo solta,
Vai uma nuvem errando.
O meu passado não volta.
Não é o que estou chorando.

O que choro é diferente.
Entra mais na alma da alma.
Mas como, no céu sem gente,
A nuvem flutua calma.

E isto lembra uma tristeza
E a lembrança é que entristece,
Dou à saudade a riqueza
De emoção que a hora tece.

Mas, em verdade, o que chora
Na minha amarga ansiedade
Mais alto que a nuvem mora,
Está para além da saudade.

Não sei o que é nem consinto
À alma que o saiba bem.
Visto da dor com que minto
Dor que a minha alma tem.

29 de março de 1931

O andaime

O tempo que eu hei sonhado
Quantos anos foi de vida!
Ah, quanto do meu passado
Foi só a vida mentida
De um futuro imaginado!

Aqui à beira do rio
Sossego sem ter razão.
Este seu correr vazio
Figura, anônimo e frio,
A vida vivida em vão.

A 'sp'rança que pouco alcança!
Que desejo vale o ensejo?
E uma bola de criança
Sobe mais que a minha 'sp'rança,
Rola mais que o meu desejo.

Ondas do rio, tão leves
Que não sois ondas sequer,
Horas, dias, anos, breves
Passam — verduras ou neves
Que o mesmo sol faz morrer.

Gastei tudo que não tinha.
Sou mais velho do que sou.
A ilusão, que me mantinha,
Só no palco era rainha:
Despiu-se, e o reino acabou.

Leve som das águas lentas,
Gulosas da margem ida,
Que lembranças sonolentas
De esperanças nevoentas!
Que sonhos o sonho e a vida!

Que fiz de mim? Encontrei-me
Quando estava já perdido.
Impaciente deixei-me
Como a um louco que teime
No que lhe foi desmentido.

Som morto das águas mansas
Que correm por ter que ser,
Leva não só as lembranças,
Mas as mortas esperanças —
Mortas, porque hão de morrer.

Sou já o morto futuro.
Só um sonho me liga a mim —
O sonho atrasado e obscuro
Do que eu devera ser — muro
Do meu deserto jardim.

Ondas passadas, levai-me
Para o olvido do mar!
Ao que não serei legai-me,
Que cerquei com um andaime
A casa por fabricar.

29 de agosto de 1924

Hoje que a tarde é calma e o céu tranqüilo,
E a noite chega sem que eu saiba bem,
Quero considerar-me e ver aquilo
Que sou, e o que sou o que é que tem.

Olho por todo o meu passado e vejo
Que fui quem foi aquilo em torno meu,
Salvo o que o vago e incógnito desejo
De ser eu mesmo de meu ser me deu.

Como a páginas já relidas, vergo
Minha atenção sobre quem fui de mim,
E nada de verdade em mim albergo
Salvo uma ânsia sem princípio ou fim.

Como alguém distraído na viagem,
Segui por dois caminhos par a par.
Fui com o mundo, parte da paisagem;
Comigo fui, sem ver nem recordar.

Chegado aqui, onde hoje estou, conheço
Que sou diverso no que informe estou.
No meu próprio caminho me atravesso.
Não conheço quem fui no que hoje sou.

Serei eu, porque nada é impossível,
Vários trazidos de outros mundos, e
No mesmo ponto espacial sensível
Que sou eu, sendo eu por 'star aqui?

Serei eu, porque todo o pensamento
Podendo conceber, bem pode ser,

Um dilatado e múrmuro momento,
De tempos-seres de quem sou o viver?

1º de agosto de 1931

Guia-me a só razão.
Não me deram mais guia.
Alumia-me em vão?
Só ela me alumia.

Tivesse Quem criou
O mundo desejado
Que eu fosse outro que sou,
Ter-me-ia outro criado.

Deu-me olhos para ver.
Olho, vejo, acredito.
Como ousarei dizer:
"Cego, fora eu bendito"?

Como o olhar, a razão
Deus me deu, para ver
Para além da visão —
Olhar de conhecer.

Se ver é enganar-me,
Pensar um descaminho,
Não sei. Deus os quis dar-me
Por verdade e caminho.

2 de janeiro de 1932

Há quase um ano não 'screvo.
Pesada, a meditação
Torna-me alguém que não devo
Interromper na atenção.

Tenho saudades de mim.
De quando, de alma alheada,
Eu era não ser assim,
E os versos vinham de nada.

Hoje penso quanto faço,
'Screvo sabendo o que digo...
Para quem desce do espaço
Este crepúsculo antigo?

23 de maio de 1932

Furia nas trevas o vento
Num grande som de alongar.
Não há no meu pensamento
Senão não poder parar.

Parece que a alma tem
Treva onde sopre a crescer
Uma loucura que vem
De querer compreender.

Raiva nas trevas o vento
Sem se poder libertar.
Estou preso ao meu pensamento
Como o vento preso ao ar.

23 de maio de 1932

A morte é a curva da estrada,
Morrer é só não ser visto.
Se escuto, eu to ouço a passada
Existir como eu existo.

A terra é feita de céu.
A mentira não tem ninho.
Nunca ninguém se perdeu.
Tudo é verdade e caminho.

23 de maio de 1932

Quem bate à minha porta
Tão insistentemente
Saberá que está morta
A alma que em mim sente?

Saberá que eu a velo
Desde que a noite é entrada
Com o vácuo e vão desvelo
De quem não vela nada?

Saberá que estou surdo?
Porque o sabe ou não sabe,
E assim bate, ermo e absurdo,
Até que o mundo acabe?

23 de maio de 1932

Iniciação

Não dormes sob os ciprestes,
Pois não há sono no mundo.
....
O corpo é a sombra das vestes
Que encobrem teu ser profundo.

Vem a noite, que é a morte,
E a sombra acabou sem ser.
Vais na noite só recorte,
Igual a ti sem querer.

Mas na Estalagem do Assombro
Tiram-te os Anjos a capa:
Segues sem capa no ombro,
Com o pouco que to tapa.

Então Arcanjos da Estrada
Despem-te e deixam-te nu.
Não tens vestes, não tens nada:
Tens só teu corpo, que és tu.

Por fim, na funda caverna,
Os Deuses despem-te mais.
Teu corpo cessa, alma externa,
Mas vês que são teus iguais.
....

A sombra das tuas vestes
Ficou entre nós na Sorte.

Não 'stás morto, entre ciprestes.
....
Neófito, não há morte.

[anterior a maio de 1935; 1932?]

Na sombra do Monte Abiegno
Repousei de meditar.
Vi no alto o alto Castelo
Onde sonhei de chegar.
Mas repousei de pensar
Na sombra do Monte Abiegno.

Quando fora amor ou vida,
Atrás de mim o deixei,
Quando fora desejá-los,
Porque esqueci não lembrei.
À sombra do Monte Abiegno
Repousei porque abdiquei.

Talvez um dia, mais forte
Da força ou da abdicação,
Tentarei o alto caminho
Por onde ao Castelo vão.
Na sombra do Monte Abiegno
Por ora repouso, e não.

Quem pode sentir descanso
Com o Castelo a chamar?
Está no alto, sem caminho
Senão o que há por achar.
Na sombra do Monte Abiegno
Meu sonho é de o encontrar.

Mas por ora estou dormindo,
Porque é sono o não saber.
Olho o Castelo de longe,
Mas não olho o meu querer.

Da sombra do Monte Abiegno
Quem me virá desprender?

3 de outubro de 1932

Do vale à montanha,
Da montanha ao monte,
Cavalo de sombra,
Cavaleiro monge,
Por casas, por prados,
Por quinta e por fonte,
Caminhais aliados.

Do vale à montanha,
Da montanha ao monte,
Cavalo de sombra,
Cavaleiro monge,
Por penhascos pretos,
Atrás e defronte,
Caminhais secretos.

Do vale à montanha,
Da montanha ao monte,
Cavalo de sombra,
Cavaleiro monge,
Por plainos desertos
Sem ter horizontes,
Caminhais libertos.

Do vale à montanha,
Da montanha ao monte,
Cavalo de sombra,
Cavaleiro monge,
Por ínvios caminhos,
Por rios sem ponte,
Caminhais sozinhos.

Do vale à montanha,
Da montanha ao monte,
Cavalo de sombra,
Cavaleiro monge,
Por quanto é sem fim,
Sem ninguém que o conte,
Caminhais em mim.

24 de outubro de 1932

Cansa sentir quando se pensa.
No ar da noite a madrugar
Há uma solidão imensa
Que tem por corpo o frio do ar.

Neste momento insone e triste
Em que não sei quem hei de ser,
Pesa-me o informe real que existe
Na noite antes de amanhecer.

Tudo isto me parece tudo.
E é uma noite a ter um fim
Um negro astral silêncio surdo
E não poder viver assim.

(Tudo isto me parece tudo.
Mas noite, frio, negror sem fim,
Mundo mudo, silêncio mudo —
Ah, nada é isto, nada é assim!)

9 de novembro de 1932

Não meu, não meu é quanto escrevo.
A quem o devo?
De quem sou o arauto nado?
Por que, enganado,
Julguei ser meu o que era meu?
Que outro mo deu?
Mas, seja como for, se a sorte
For eu ser morte
De uma outra vida que em mim vive,
Eu, o que estive
Em ilusão toda esta vida
Aparecida,
Sou grato Ao que do pó que sou
Me levantou.
(E me fez nuvem um momento
De pensamento.)
(Ao de quem sou, erguido pó,
Símbolo só.)

9 de novembro de 1932

Sorriso audível das folhas,
Não és mais que a brisa ali.
Se eu te olho e tu me olhas,
Quem primeiro é que sorri?
O primeiro a sorrir ri.

Ri, e olha de repente,
Para fins de não olhar,
Para onde nas folhas sente
O som do vento passar.
Tudo é vento e disfarçar.

Mas o olhar, de estar olhando
Onde não olha, voltou;
E estamos os dois falando
O que se não conversou.
Isto acaba ou começou?

27 de novembro de 1930

Autopsicografia

O poeta é um fingidor.
Finge tão completamente
Que chega a fingir que é dor
A dor que deveras sente.

E os que leem o que escreve,
Na dor lida sentem bem,
Não as duas que ele teve,
Mas só a que eles não têm.

E assim nas calhas de roda
Gira, a entreter a razão,
Esse comboio de corda
Que se chama o coração.

1º de abril de 1931

Isto

Dizem que finjo ou minto
Tudo que escrevo. Não.
Eu simplesmente sinto
Com a imaginação.
Não use o coração.

Tudo o que sonho ou passo,
O que me falha ou finda,
É como que um terraço
Sobre outra coisa ainda.
Essa coisa é que é linda.

Por isso escrevo em meio
Do que não está ao pé,
Livre do meu enleio,
Sério do que não é.
Sentir? Sinta quem lê!

[anterior a abril de 1933]

Passa uma nuvem pelo sol.
Passa uma pena por quem vê.
A alma é como um girassol:
Vira-se ao que não está ao pé.

Passou a nuvem; o sol volta.
A alegria girassolou.
Pendão latente de revolta,
Que hora maligna te enrolou?

14 de agosto de 1933

É brando o dia, brando o vento.
É brando o sol e brando o céu.
Assim fosse meu pensamento!
Assim fosse eu, assim fosse eu!

Mas entre mim e as brandas glórias
Deste céu limpo e este ar sem mim
Intervêm sonhos e memórias...
Ser eu assim, ser eu assim!

Ah, o mundo é quanto nós trazemos.
Existe tudo porque existo.
Há porque vemos.
E tudo é isto, tudo é isto!

15 de agosto de 1933

Entre o luar e a folhagem,
Entre o sossego e o arvoredo,
Entre o ser noite e haver aragem
Passa um segredo.
Segue-o minha alma na passagem.

Tênue lembrança ou saudade,
Princípio ou fim do que não foi,
Não tem lugar, não tem verdade.
Atrai e dói.
Segue-o meu ser em liberdade.

Vazio encanto ébrio de si,
Tristeza ou alegria o traz?
O que sou dele a quem sorri?
Nada é nem faz.
Só de segui-lo me perdi.

19 de agosto de 1933

Ouço, como se o cheiro
De flores me acordasse...
É música — um canteiro
De influência e disfarce.

Impalpável lembrança,
Sorriso de ninguém,
Com aquela esp'rança
Que nem esperança tem...

Que importa, se sentir
É não se conhecer?
Ouço, e sinto sorrir
O que em mim nada quer.

21 de agosto de 1933

Nuvens sobre a floresta...
Sombra com sombra a mais...
Minha tristeza é esta —
A das coisas reais.

A outra, a que pertence
Aos sonhos que perdi,
Nesta hora não me vence;
Se a há, não a há aqui.

Mas esta, a do arvoredo
Que o céu sem luz invade,
Faz-me receio e medo...
Quem foi minha saudade?

21 de agosto de 1933

Não sei se é sonho, se realidade,
Se uma mistura de sonho e vida,
Aquela terra de suavidade
Que na ilha extrema do sul se olvida.
É a que ansiamos. Ali, ali
A vida é jovem e o amor sorri.

Talvez palmares inexistentes,
Áleas longínquas sem poder ser,
Sombra ou sossego deem aos crentes
De que essa terra se pode ter.
Felizes, nós? Ah, talvez, talvez,
Naquela terra, daquela vez.

Mas já sonhada se desvirtua,
Só de pensá-la cansou pensar,
Sob os palmares, à luz da lua,
Sente-se o frio de haver luar.
Ah, nessa terra também, também
O mal não cessa, não dura o bem.

Não é com ilhas do fim do mundo,
Nem com palmares de sonho ou não,
Que cura a alma seu mal profundo,
Que o bem nos entra no coração.
É em nós que é tudo. É ali, ali,
Que a vida é jovem e o amor sorri.

30 de agosto de 1933

Aqui onde se espera
— Sossego, só sossego —
Isso que outrora era,

Aqui onde, dormindo,
— Sossego, só sossego —
Se sente a noite vindo,

E nada importaria
— Sossego, só sossego —
Que fosse antes o dia,

Aqui, aqui estarei
— Sossego, só sossego —
Como no exílio um rei,

Gozando da ventura
— Sossego, só sossego —
De não ter a amargura

De reinar, mas guardando
— Sossego, só sossego —
O nome venerando...

Que mais quer quem descansa
— Sossego, só sossego —
Da dor e da esperança,

Que ter a negação
— Sossego, só sossego —
De todo o coração?

31 de agosto de 1933

Redemoinha o vento,
Anda à roda o ar.
Vai meu pensamento
Comigo a sonhar.

Vai saber na altura
Como no arvoredo
Se sente a frescura
Passar alta a medo.

Vai saber de eu ser
Aquilo que eu quis
Quando ouvi dizer
O que o vento diz.

5 de setembro de 1933

Momento imperceptível,
Que coisa foste, que há
Já em mim qualquer coisa

Que nunca passará?
Sei que, passados anos,
O que isto é lembrarei,
Sem saber já o que era,
Que até já o não sei.

Mas, nada só que fosse,
Fica dele um ficar
Que será suave ainda
Quando eu o não lembrar.

5 de setembro de 1933

Vai alto pela folhagem
Um rumor de pertencer,
Como se houvesse na aragem
Uma razão de querer.

Mas, sim, é como se o som
Do vento no arvoredo
Tivesse um intuito, ou bom
Ou mau, mas feito em segredo,

E que, pensando no abismo
Onde os ventos são ninguém,
Subisse até onde cismo,
E, alto, alado, num vaivém

De tormenta comovesse
As árvores agitadas
Até que delas me viesse
Este mau conto de fadas.

5 de setembro de 1933

Quando as crianças brincam
E eu as ouço brincar,
Qualquer coisa em minha alma
Começa a se alegrar.

E toda aquela infância
Que não tive me vem,
Numa onda de alegria
Que não foi de ninguém.

Se quem fui é enigma,
E quem serei visão,
Quem sou ao menos sinta
Isto no coração.

5 de setembro de 1933

Passos tardam na relva
Entre o luar e o luar.
Tudo é eflúvio e selva.
Sente-se alguém passar.

Passa, pisando leve
O chão que o luar desmente,
Num pálido hausto leve
De pisar levemente.

É elfo, é gnomo, é fada
A forma que ninguém vê?
Lembro: não houve nada.
Sinto, e a saudade crê.

5 de setembro de 1933

O que me dói não é
O que há no coração
Mas essas coisas lindas
Que nunca existirão...

São as formas sem forma
Que passam sem que a dor
As possa conhecer
Ou as sonhar o amor.

São como se a tristeza
Fosse árvore e, uma a uma,
Caíssem suas folhas
Entre o vestígio e a bruma.

5 de setembro de 1933

Por que é que um sono agita
Em vez de repousar
O que em minha alma habita
E a faz não descansar?

Que externa sonolência,
Que absurda confusão,
Me oprime sem violência,
Me faz ver sem visão?

Entre o que vivo e a vida,
Entre quem estou e sou,
Durmo numa descida,
Descida em que não vou.

E, num infiel regresso
Ao que já era bruma,
Sonolento me apresso
Para coisa nenhuma.

6 de setembro de 1933

Contemplo o que não vejo.
É tarde, é quase escuro,
E quanto em mim desejo
Está parado ante o muro.

Por cima o céu é grande;
Sinto árvores além;
Embora o vento abrande,
Há folhas em vaivém.

Tudo é do outro lado,
No que há e no que penso.
Nem há ramo agitado
Que o céu não seja imenso.

Confunde-se o que existe
Com o que durmo e sou.
Não sinto, não sou triste.
Mas triste é o que estou.

7 de setembro de 1933

Entre o sono e o sonho,
Entre mim e o que em mim
É o quem eu me suponho,
Corre um rio sem fim.

Passou por outras margens,
Diversas mais além,
Naquelas várias viagens
Que todo o rio tem.

Chegou onde hoje habito
A casa que hoje sou.
Passa, se eu me medito;
Se desperto, passou.

E quem me sinto e morre
No que me liga a mim
Dorme onde o rio corre —
Esse rio sem fim.

11 de setembro de 1933

A morte chega cedo,
Pois breve é toda vida
O instante é o arremedo
De uma coisa perdida.

O amor foi começado,
O ideal não acabou,
E quem tenha alcançado
Não sabe o que alcançou.

E a tudo isto a morte
Risca por não estar certo
No caderno da sorte
Que Deus deixou aberto.

11 de setembro de 1933

Repousa sobre o trigo
Que ondula um sol parado.
Não me entendo comigo.
Ando sempre enganado.

Tivesse eu conseguido
Nunca saber de mim,
Ter-me-ia esquecido
De ser esquecido assim.

O trigo mexe leve
Ao sol alheio e igual.
Como a alma aqui é breve
Com o seu bem e mal!

12 de setembro de 1933

Tudo que faço ou medito
Fica sempre na metade.
Querendo, quero o infinito.
Fazendo, nada é verdade.

Que nojo de mim me fica
Ao olhar para o que faço!
Minha alma é lúcida e rica,
E eu sou um mar de sargaço —

Um mar onde boiam lentos
Fragmentos de um mar de além...
Vontades ou pensamentos?
Não o sei e sei-o bem.

13 de setembro de 1933

Se eu, ainda que ninguém,
Pudesse ter sobre a face
Aquele clarão fugace
Que aquelas árvores têm,

Teria aquela alegria
Que as coisas têm de fora,
Porque a alegria é da hora;
Vai com o sol quando esfria.

Qualquer coisa me valera
Melhor que a vida que tenho —
Ter esta vida de estranho
Que só do sol me viera!

16 de setembro de 1933

Tenho tanto sentimento
Que é frequente persuadir-me
De que sou sentimental,
Mas reconheço, ao medir-me,
Que tudo isso é pensamento,
Que não senti afinal.

Temos, todos que vivemos,
Uma vida que é vivida
E outra vida que é pensada,
E a única vida que temos
É essa que é dividida
Entre a verdadeira e a errada.

Qual porém é verdadeira
E qual errada, ninguém
Nos saberá explicar;
E vivemos de maneira
Que a vida que a gente tem
É a que tem que pensar.

18 de setembro de 1933

Durmo. Se sonho, ao despertar não sei
Que coisas eu sonhei.
Durmo. Se durmo sem sonhar, desperto
Para um espaço aberto
Que não conheço, pois que despertei
Para o que inda não sei.
Melhor é nem sonhar nem não sonhar
E nunca despertar.

19 de setembro de 1933

Viajar! Perder países!
Ser outro constantemente,
Por a alma não ter raízes
De viver de ver somente!

Não pertencer nem a mim!
Ir em frente, ir a seguir
A ausência de ter um fim,
E a ânsia de o conseguir!

Viajar assim é viagem.
Mas faço-o sem ter de meu
Mais que o sonho da passagem.
O resto é só terra e céu.

20 de setembro de 1933

Que coisa distante
Está perto de mim?
Que brisa fragrante
Me vem neste instante
De ignoto jardim?

Se alguém mo dissesse,
Não quisera crer.
Mas sinto-o, e é esse
O ar bom que me tece
Visões sem as ver.

Não sei se é dormindo
Ou alheado que estou:
Sei que estou sentindo
A boca sorrindo
Aos sonhos que sou.

2 de outubro de 1933

Na ribeira deste rio
Ou na ribeira daquele
Passam meus dias a fio.
Nada me impede, me impele,
Me dá calor ou dá frio.

Vou vendo o que o rio faz
Quando o rio não faz nada.
Vejo os rastros que ele traz,
Numa seqüência arrastada,
Do que ficou para trás.

Vou vendo e vou meditando,
Não bem no rio que passa
Mas só no que estou pensando,
Porque o bem dele é que faça
Eu não ver que vai passando.

Vou na ribeira do rio
Que está aqui ou ali,
E do seu curso me fio,
Porque, se o vi ou não vi,
Ele passa e eu confio.

2 de outubro de 1933

No mal-estar em que vivo,
No mal pensar em que sinto,
Sou de mim mesmo cativo,
A mim mesmo minto.

Se fosse outro fora outro.
Se em mim houvesse certeza,
Não seria o fluido e neutro
Que ama a beleza.

Sim, que ama a beleza e a nega
Nesta vida sem bordão
Que contra si mesma alega
Que tudo é vão.

2 de outubro de 1933

Quando era criança
Vivi, sem saber,
Só para hoje ter
Aquela lembrança.

É hoje que sinto
Aquilo que fui.
Minha vida flui,
Feita do que minto.

Mas nesta prisão,
Livro único, leio
O sorriso alheio
De quem fui então.

2 de outubro de 1933

Chove. Há silêncio, porque a mesma chuva
Não faz ruído senão com sossego.
Chove. O céu dorme. Quando a alma é viúva
Do que não sabe, o sentimento é cego.
Chove. Meu ser (quem sou) renego...

Tão calma é a chuva que se solta no ar
(Nem parece de nuvens) que parece
Que não é chuva, mas um sussurrar
Que de si mesmo, ao sussurrar, se esquece.
Chove. Nada apetece...

Não paira vento, não há céu que eu sinta.
Chove longínqua e indistintamente,
Como uma coisa certa que nos minta,
Como um grande desejo que nos mente.
Chove. Nada em mim sente...

2 de outubro de 1933

Grandes mistérios habitam
O limiar do meu ser,
O limiar onde hesitam
Grandes pássaros que fitam
Meu transpor tardo de os ver.

São aves cheias de abismo,
Como nos sonhos as há.
Hesito se sondo e cismo.
E à minha alma é cataclismo
O limiar onde está.

Então desperto do sonho
E sou alegre da luz,
Inda que em dia tristonho;
Porque o limiar é medonho
E todo passo é uma cruz.

2 de outubro de 1933

Dorme, que a vida é nada!
Dorme, que tudo é vão!
Se alguém achou a estrada,
Achou-a em confusão,
Com a alma enganada.

Não há lugar nem dia
Para quem quer achar,
Nem paz nem alegria
Para quem, por amar,
Em quem ama confia.

Melhor entre onde os ramos
Tecem dosséis sem ser
Ficar como ficamos,
Sem pensar nem querer,
Dando o que nunca damos.

10 de outubro de 1933

Não sei que sonho me não descansa
E me faz mal...
Mas eia! o harmônio a guiar a dança
Nesse quintal.

E eu perco o fio ao que não existe
E ouço dançar,
Já não alheio, nem sequer triste,
Só de escutar.

Quanta alegria onde os outros são
E dançam bem!
Dei-lhes de graça meu coração
E o que ele tem.

Na noite calma o harmônio toca
Aquela dança,
E o que em mim sonha um momento evoca
Nova esperança.

Nova esperança que há de cessar
Quando, já dia,
O harmônio eterno que há de acabar
Feche a alegria.

Ah, ser os outros! Se eu o pudesse
Sem outros ser!,
Enquanto o harmônio minha alma enchesse
De o não saber.

10 de outubro de 1933

Fresta

Em meus momentos escuros
Em que em mim não há ninguém,
E tudo é névoas e muros
Quanto a vida dá ou tem,

Se, um instante, erguendo a fronte
De onde em mim sou aterrado,
Vejo o longínquo horizonte
Cheio de sol posto ou nado

Revivo, existo, conheço,
E, ainda que seja ilusão
O exterior em que me esqueço,
Nada mais quero nem peço.
Entrego-lhe o coração.

12 de fevereiro de 1934

Onda que, enrolada, tornas,
Pequena, ao mar que te trouxe
E ao recuar te transtornas
Como se o mar nada fosse,

Por que é que levas contigo
Só a tua cessação,
E, ao voltar ao mar antigo,
Não levas meu coração?

Há tanto tempo que o tenho
Que me pesa de o sentir.
Leva-o no som sem tamanho
Com que te ouço fugir!

9 de maio de 1934

Montes, e a paz que há neles, pois são longe...
Paisagens, isto é, ninguém...
Tenho a alma feita para ser de um monge
Mas não me sinto bem.

Se eu fosse outro, fora outro. Assim
Aceito o que me dão,
Como quem espreita para um jardim
Onde os outros estão.

Quem outros? Não sei. Há no sossego incerto
Uma paz que não há,
E eu fito sem o ler o livro aberto
Que nunca mo dirá...

9 de maio de 1934

Neste mundo em que esquecemos
Somos sombras de quem somos,
E os gestos reais que temos
No outro em que, almas, vivemos,
São aqui esgares e assomos.

Tudo é noturno e confuso
No que entre nós aqui há.
Projeções, fumo difuso
Do lume que brilha ocluso
Ao olhar que a vida dá.

Mas um ou outro, um momento,
Olhando bem, pode ver
Na sombra e seu movimento
Qual no outro mundo é o intento
Do gesto que o faz viver.

E então encontra o sentido
Do que aqui está a esgarar,
E volve ao seu corpo ido,
Imaginado e entendido,
A intuição de um olhar.

Sombra do corpo saudosa,
Mentira que sente o laço
Que a liga à maravilhosa
Verdade que a lança, ansiosa,
No chão do tempo e do espaço.

9 de maio de 1934

Foi um momento
O em que pousaste
Sobre o meu braço,
Num movimento
Mais de cansaço
Que pensamento,
A tua mão
E a retiraste.
Senti ou não?

Não sei. Mas lembro
E sinto ainda
Qualquer memória
Fixa e corpórea
Onde pousaste
A mão que teve
Qualquer sentido
Incompreendido,
Mas tão de leve!...

Tudo isto é nada,
Mas numa estrada
Como é a vida
Há muita coisa
Incompreendida...

Sei eu se quando
A tua mão
Senti pousando
Sobre o meu braço,
E um pouco, um pouco,
No coração,

Não houve um ritmo
Novo no espaço?

Como se tu,
Sem o querer,
Em mim tocasses
Para dizer
Qualquer mistério,
Súbito e etéreo,
Que nem soubesses
Que tinha ser.

Assim a brisa
Nos ramos diz
Sem o saber
Uma imprecisa
Coisa feliz.

9 de maio de 1934

Cessa o teu canto!
Cessa, que, enquanto
O ouvi, ouvia
Uma outra voz
Como que vindo
Nos interstícios
Do brando encanto
Com que o teu canto
Vinha até nós.

Ouvi-te e ouvi-a
No mesmo tempo
E diferentes
Juntas cantar.
E a melodia
Que não havia,
Se agora a lembro,
Faz-me chorar.

Foi tua voz
Encantamento
Que, sem querer,
Nesse momento,
Vago acordou
Um ser qualquer
Alheio a nós
Que nos falou?

Não sei. Não cantes!
Deixa-me ouvir
Qual o silêncio
Que há a seguir
A tu cantares!

Ah, nada, nada!
Só os pesares
De ter ouvido,
De ter querido
Ouvir para além
Do que é o sentido
Que uma voz tem.

Que anjo, ao ergueres
A tua voz,
Sem o saberes
Veio baixar
Sobre esta terra
Onde a alma erra
E com as asas
Soprou as brasas
De ignoto lar?

Não cantes mais!
Quero o silêncio
Para dormir
Qualquer memória
Da voz ouvida,
Desentendida,
Que foi perdida
Por eu a ouvir...

9 de maio de 1934

Eros e Psique

...E assim vedes, meu Irmão, que as verdades que vos foram dadas no Grau de Neófito, e aquelas que vos foram dadas no Grau de Adepto Menor, são, ainda que opostas, a mesma verdade. *Do ritual do grau de Mestre do Átrio na Ordem Templária de Portugal*

Conta a lenda que dormia
Uma Princesa encantada
A quem só despertaria
Um Infante, que viria
De além do muro da estrada.

Ele tinha que, tentado,
Vencer o mal e o bem,
Antes que, já libertado,
Deixasse o caminho errado
Por o que à Princesa vem.

A Princesa Adormecida,
Se espera, dormindo espera.
Sonha em morte a sua vida,
E orna-lhe a fronte esquecida,
Verde, uma grinalda de hera.

Longe o Infante, esforçado,
Sem saber que intuito tem,
Rompe o caminho fadado.
Ele dela é ignorado.
Ela para ele é ninguém.

Mas cada um cumpre o Destino —
Ela dormindo encantada,
Ele buscando-a sem tino
Pelo processo divino
Que faz existir a estrada.

E, se bem que seja obscuro
Tudo pela estrada fora,
E falso, ele vem seguro,
E, vencendo estrada e muro,
Chega onde em sono ela mora.

E, inda tonto do que houvera,
À cabeça, em maresia,
Ergue a mão, e encontra hera,
E vê que ele mesmo era
A Princesa que dormia.

[anterior a maio de 1934]

Houve um ritmo no meu sono.
Quando acordei o perdi.
Por que saí do abandono
De mim mesmo, em que vivi?

Não sei que era o que não era.
Sei que suave me embalou,
Como se o embalar quisera
Tornar-me outra vez quem sou.

Houve uma música finda
Quando acordei de a sonhar,
Mas não morreu: dura ainda
No que me faz não pensar.

11 de junho de 1934

Azul, ou verde, ou roxo quando o sol
O doura falsamente de vermelho,
O mar e áspero [?], casual [?] ou mol[e],
É uma vez abismo e outra espelho.
Evoco porque sinto velho
O que em mim quereria mais que o mar
Já que nada ali há por desvendar.

Os grandes capitães e os marinheiros
Com que fizeram a navegação,
Jazem longínquos, lúgubres parceiros
Do nosso esquecimento e ingratidão.
Só o mar às vezes, quando são
Grandes as ondas e é deveras mar
Parece incertamente recordar.

Mas sonho... O mar é água, é água nua,
Serva do obscuro ímpeto distante
Que, como a poesia, vem da lua
Que uma vez o abate outra o levanta.
Mas, por mais que descante
Sobre a ignorância natural do mar,
Pressinto-o, vazante, a murmurar.

Quem sabe o que é a alma? Quem conhece
Que alma há nas coisas que parecem mortas.
Quanto em terra ou em nada nunca esquece.
Quem sabe se no espaço vácuo há portas?
O sonho que me exortas
A meditar assim a voz do mar,
Ensina-me a saber-te meditar.

Capitães, contramestres — todos nautas
Da descoberta infiel de cada dia
Acaso vos chamou de ignotas flautas
A vaga e impossível melodia.
Acaso o vosso ouvido ouvia
Qualquer coisa do mar sem ser o mar
Sereias só de ouvir e não de achar?

Quem atrás de intérminos oceanos
Vos chamou à distância ou quem
Sabe que há nos corações humanos
Não só uma ânsia natural de bem
Mas, mais vaga, mais sutil também
Uma coisa que quer o som do mar
E o estar longe de tudo e não parar.

Se assim é e se vós e o mar imenso
Sois qualquer coisa, vós por o sentir
E o mar por o ser, disto que penso;
Se no fundo ignorado do existir
Há mais alma que a que pode vir
À tona vã de nós, como à do mar,
Fazei-me livre, enfim, de o ignorar.

Dai-me uma alma transposta de argonauta,
Fazei que eu tenha, como o capitão
Ou o contramestre, ouvidos para a flauta
Que chama ao longe o nosso coração,
Fazei-me ouvir, como a um perdão,
Numa reminiscência de ensinar,
O antigo português que fala o mar!

9 de junho de 1935

Começa a ir ser dia,
O céu negro começa,
Numa menor negrura
Da sua noite escura,
A ter uma cor fria
Onde a negrura cessa.

Um negro azul-cinzento
Emerge vagamente
De onde o oriente dorme
Seu tardo sono informe,
E há um frio sem vento
Que se ouve e mal se sente.

Mas eu, o maldormido,
Não sinto noite ou frio,
Nem sinto vir o dia
Da solidão vazia.
Só sinto o indefinido
Do coração vazio.

Em vão o dia chega
A quem não dorme, a quem
Não tem que ter razão
Dentro do coração,
Que quando vive nega
E quando ama não tem.

Em vão, em vão, e o céu
Azula-se de verde
Acinzentadamente.
Que é que a minha alma sente?

Nem isto, não, nem eu,
Na noite que se perde.

27 de julho de 1935

A Outra

Amamos sempre no que temos
O que não temos quando amamos.
O barco para, largo os remos
E, um a outro, as mãos nos damos.
A quem dou as mãos?
À Outra.

Teus beijos são de mel de boca,
São os que sempre pensei dar,
E agora a minha boca toca
A boca que eu sonhei beijar.
De quem é a boca?
Da Outra.

Os remos já caíram na água,
O barco faz o que a água quer.
Meus braços vingam minha mágoa
No abraço que enfim podem ter.
Quem abraço?
A Outra.

Bem sei, és bela, és quem desejei...
Não deixe a vida que eu deseje
Mais que o que pode ser teu beijo
O poder ser eu que te beije
Beijo, e em quem penso?
Na Outra.

Os remos vão perdidos já,
O barco vai não sei para onde.
Que fresco o teu sorriso está,
Ah, meu amor, e o que ele esconde!
Que é do sorriso
Da Outra?

Ah, talvez mortos ambos nós,
Num outro rio sem lugar
Em outro barco outra vez sós
Possamos nós recomeçar
Que talvez sejas
A Outra.

Mas não, nem onde essa paisagem
É sob eterna luz eterna
Te acharei mais que alguém na viagem
Que amei com ansiedade terna
Por ser parecida
Com a Outra.

Ah, por ora, idos remo e rumo,
Dá-me as mãos, a boca, o teu ser.
Façamos desta hora um resumo
Do que não poderemos ter.
Nesta hora, a única,
Sê a Outra.

28 de julho de 1935

Não me digas mais nada. O resto é a vida.
Sob onde a uva está amadurecida
Moram meus sonos, que não querem nada.
Que é o mundo? Uma ilusão vista e sentida.

Sob os ramos que falam com o vento,
Inerte, abdico do meu pensamento.
Tenho esta hora e o ócio que está nela.
Levem o mundo: deixem-me o momento!

Se vens, esguia e bela, deitar vinho
Em meu copo vazio, eu, mesquinho
Ante o que sonho, morto te agradeço
Que não sou para mim mais que um vizinho.

Quando a jarra que trazes aparece
Sobre meu ombro e a sua curva desce
A deitar vinho, sonho-te, e, sem ver-te,
Por teu braço teu corpo me apetece.

Não digas nada que tu creias. Fala
Como a cigarra canta. Nada iguala
O ser um som pequeno entre os rumores
Com que este mundo.

A vida é terra e o vivê-la é lodo.
Tudo é maneira, diferença ou modo.
Em tudo quanto faças sê só tu,
Em tudo quanto faças sê tu todo.

12 de setembro de 1935

Teus olhos entristecem.
Nem ouves o que digo.
Dormem, sonham, esquecem...
Não me ouves, e prossigo.

Digo o que já, de triste,
Te disse tanta vez...
Creio que nunca o ouviste
De tão tua que és.

Olhas-me de repente
De um distante impreciso
Com um olhar ausente.
Começas um sorriso.

Continuo a falar.
Continuas ouvindo
O que estás a pensar,
Já quase não sorrindo.

Até que neste ocioso
Sumir da tarde fútil,
Se esfolha silencioso
O teu sorriso inútil.

29 de outubro de 1935

Há doenças piores que as doenças,
Há dores que não doem, nem na alma
Mas que são dolorosas mais que as outras.
Há angústias sonhadas mais reais
Que as que a vida nos traz, há sensações
Sentidas só com imaginá-las
Que são mais nossas do que a própria vida.
Há tanta coisa que, sem existir,
Existe, existe demoradamente,
E demoradamente é nossa e nós...
Por sobre o verde turvo do amplo rio
Os circunflexos brancos das gaivotas...
Por sobre a alma o adejar inútil
Do que não foi, nem pôde ser, e é tudo.

Dá-me mais vinho, porque a vida é nada.

19 de novembro de 1935

No ouro sem fim da tarde morta,
Na poeira de ouro sem lugar
Da tarde que me passa à porta
Para não parar,

No silêncio dourado ainda
Dos arvoredos verde fim,
Recordo. Eras antiga e linda
E estás em mim...

Tua memória há sem que houvesses,
Teu gesto, sem que fosses alguém.
Como uma brisa me estremeces
E eu choro um bem...

Perdi-te. Não te tive. A hora
É suave para a minha dor.
Deixa meu ser que rememora
Sentir o amor,

Ainda que amar seja um receio,
Uma lembrança falsa e vã,
E a noite deste vago anseio
Não tenha manhã.

[sem data; 1935?]

Sonhos, sistemas, mitos, ideais...
Fito a água insistente contra o cais,
E, como flocos de um papel rasgado,
A ela dando-me como a um justo fado,
Sigo-os com os olhos em que não há mais
Que em vão desassossego resignado.

Eles a mim como consolarão —
A mim que de inquieto já nem choro;
Que na erma mente e no ermo coração
Sombras, só sombras, sombra, rememoro;
A mim, em tudo, sempre, em vão.
Cansado até dos deuses que não são?

[sem data; 1935?]

Na quinta entre ciprestes
Secaram todas as fontes,
As rosas brancas agrestes
Trazidas do fim dos montes
Vós mas tirastes, que as destes...

No rio ao pé de salgueiros
Passaram as águas em vão,
Com tristezas de estrangeiros
Passaram pelos salgueiros
As ondas, sem ter razão.

[sem data; 1935?]

Dizem?
Esquecem.
Não dizem?
Disseram.

Fazem?
Fatal.
Não fazem?
Igual.

Por quê
Esperar?
— Tudo é
Sonhar.

[sem data; 1935?]

Conselho

Cerca de grandes muros quem te sonhas.
Depois, onde é visível o jardim
Através do portão de grade dada,
Põe quantas flores são as mais risonhas,
Para que te conheçam só assim.
Onde ninguém o vir não ponhas nada.

Faze canteiros como os que outros têm,
Onde os olhares possam entrever
O teu jardim como lho vais mostrar.
Mas onde és teu, e nunca o vê ninguém,
Deixa as flores que vêm do chão crescer
E deixa as ervas naturais medrar.

Faze de ti um duplo ser guardado;
E que ninguém, que veja e fite, possa
Saber mais que um jardim de quem tu és —
Um jardim ostensivo e reservado,
Por trás do qual a flor nativa roça
A erva tão pobre que nem tu a vês...

[sem data; 1935?]

Liberdade

Ai que prazer
Não cumprir um dever,
Ter um livro para ler
E não o fazer!
Ler é maçada.
Estudar é nada.
O sol doura
Sem literatura.

O rio corre, bem ou mal,
Sem edição original.
E a brisa, essa,
De tão naturalmente matinal,
Como tem tempo não tem pressa...

Livros são papéis pintados com tinta.
Estudar é uma coisa em que está indistinta
A distinção entre nada e coisa nenhuma.

Quanto é melhor, quando há bruma,
Esperar por D. Sebastião,
Quer venha ou não!

Grande é a poesia, a bondade e as danças...
Mas o melhor do mundo são as crianças,
Flores, música, o luar, e o sol, que peca
Só quando, em vez de criar, seca.

O mais do que isto
É Jesus Cristo,
Que não sabia nada de finanças
Nem consta que tivesse biblioteca...

16 de março de 1935

Poema

O céu, azul de luz quieta.
As ondas brandas a quebrar,
Na praia lúcida e completa —
Pontas de dedos a brincar.

No piano anônimo da praia
Tocam nenhuma melodia
De cujo ritmo por fim saia
Todo o sentido deste dia.

Que bom, se isto satisfizesse!
Que certo, se eu pudesse crer
Que esse mar e essas ondas e esse
Céu têm vida e têm ser.

[sem data; 1935?]

Tomamos a vila depois de um intenso bombardeamento

A criança loura
Jaz no meio da rua.
Tem as tripas de fora
E por uma corda sua
Um comboio que ignora.

A cara está um feixe
De sangue e de nada.
Luz um pequeno peixe
— Dos que bóiam nas banheiras —
À beira da estrada.

Cai sobre a estrada o escuro.
Longe, ainda uma luz doura
A criação do futuro...

E o da criança loura?

[anterior a janeiro de 1929]

No túmulo de Christian Rosencreutz

Não tínhamos ainda visto o cadáver de nosso Pai prudente e sábio. Por isso afastamos para um lado o altar. Então pudemos levantar uma chapa forte de metal amarelo, e ali estava um belo corpo célebre, inteiro e incorrupto..., e tinha na mão um pequeno livro em pergaminho, escrito a ouro, intitulado T., que é, depois da Bíblia, o nosso mais alto tesouro nem deve ser facilmente submetido à censura do mundo.

FAMA FRATERNITATIS ROSEAE CRUCIS

I

Quando, despertos deste sono, a vida,
Soubermos o que somos, e o que foi
Essa queda até Corpo, essa descida
Até à Noite que nos a Alma obstrui,

Conheceremos pois toda a escondida
Verdade do que é tudo que há ou flui?
Não: nem na Alma livre é conhecida...
Nem Deus, que nos criou, em Si a inclui.

Deus é o Homem de outro Deus maior:
Adam Supremo, também teve Queda;
Também, como foi nosso Criador,

Foi criado, e a Verdade lhe morreu..
De além o Abismo, 'Sprito Seu, Lha veda;
A quem não a há no Mundo, Corpo Seu.

II

Mas antes era o Verbo, aqui perdido
Quando a Infinita Luz, já apagada,
Do Caos, chão do Ser, for levantada
Em Sombra, e o Verbo ausente escurecido.

Mas se a Alma sente a sua forma errada,
Em si, que é Sombra, vê enfim luzido
O Verbo deste Mundo, humano e ungido,
Rosa Perfeita, em Deus crucificada.

Então, senhores do limiar dos Céus,
Podemos ir buscar além de Deus
O Segredo do Mestre e o Bem profundo;

Não só de aqui, mas já de nós, despertos,
No sangue atual de Cristo enfim libertos
Do a Deus que morre a geração do Mundo.

III

Ah, mas aqui, onde irreais erramos,
Dormimos o que somos, e a verdade,
Inda que enfim em sonhos a vejamos,
Vemo-la, porque em sonho, em falsidade.

Sombras buscando corpos, se os achamos
Como sentir a sua realidade?
Com mãos de sombra, Sombras, que tocamos?

Nosso toque é ausência e vacuidade.
Quem desta Alma fechada nos liberta?
Sem ver, ouvimos para além da sala
De ser: mas como, aqui, a porta aberta?

....

Calmo na falsa morte a nós exposto,
O Livro ocluso contra o peito posto,
Nosso Pai Rosaeacruz conhece e cala.

[sem data; 1935?]

Glosa

Quem me roubou a minha dor antiga,
E só a vida me deixou por dor?
Quem, entre o incêndio da alma em que o ser periga,
Me deixou só no fogo e no torpor?

Quem fez a fantasia minha amiga,
Negando o fruto e emurchecendo a flor?
Ninguém ou o Fado, e a fantasia siga
A seu infiel e irreal sabor...

Quem me dispôs para o que não pudesse?
Quem me fadou para o que não conheço
Na teia do real que ninguém tece?
Quem me arrancou ao sonho que me odiava
E me deu só a vida em que me esqueço,
"Onde a minha saudade a cor se trava?"

[sem data]

Assim, sem nada feito e o por fazer
Mal pensado, ou sonhado sem pensar,
Vejo os meus dias nulos decorrer,
E o cansaço de nada me aumentar.

Perdura, sim, como uma mocidade
Que a si mesma se sobrevive, a esperança,
Mas a mesma esperança o tédio invade,
E a mesma falsa mocidade cansa.

Tênue passar das horas sem proveito,
Leve correr dos dias sem ação,
Como a quem com saúde jaz no leito
Ou quem sempre se atrasa sem razão.

Vadio sem andar, meu ser inerte
Contempla-me, que esqueço de querer,
E a tarde exterior seu tédio verte
Sobre quem nada fez e nada quere.

Inútil vida, posta a um canto e ida
Sem que alguém nela fosse, nau sem mar,
Obra solenemente por ser lida,
Ah, deixem-se sonhar sem esperar!

[sem data]

Esta espécie de loucura
Que é pouco chamar talento
E que brilha em mim, na escura
Confusão do pensamento,

Não me traz felicidade;
Porque, enfim, sempre haverá
Sol ou sombra na cidade.
Mas em mim não sei o que há.

[sem data]

Entre o bater rasgado dos pendões
E o cessar dos clarins na tarde alheia,
A derrota ficou: como uma cheia
Do mal cobriu os vagos batalhões.

Foi em vão que o Rei louco os seus varões
Trouxe ao prolixo prélio, sem ideia.
Água que mão infiel verteu na areia —
Tudo morreu, sem rastro e sem razões.

A noite cobre o campo, que o Destino
Com a morte tornou abandonado.
Cessou, com cessar tudo, o desatino.

Só no luar que nasce os pendões rotos
'Strelam no absurdo campo desolado
Uma derrota heráldica de ignotos.

[sem data]

A minha vida é um barco abandonado
Infiel, no ermo porto, ao seu destino.
Por que não ergue ferro e segue o atino
De navegar, casado com o seu fado?

Ah! falta quem o lance ao mar, e alado
Torne seu vulto em velas; peregrino
Frescor de afastamento, no divino
Amplexo da manhã, puro e salgado.

Morto corpo da ação sem vontade
Que o viva, vulto estéril de viver,
Boiando à tona inútil da saudade.

Os limos esverdeiam tua quilha,
O vento embala-te sem te mover,
E é para além do mar a ansiada Ilha.

[sem data]

Os deuses vão-se como forasteiros.
Como uma feira acaba a tradição.
Somos todos palhaços estrangeiros.
A nossa vida é palco e confusão.

Ah, dormir tudo! Pôr um sono à roda
Do esforço inútil e da sorte incerta!
Que a morte virtual da vida toda
Seja, sons, a janela que, entreaberta,

Só um crepúsculo do mundo deixe
Chegar à sonolência que se sente;
E a alma se desfaça como um feixe
Atado pelos dedos dum demente...

[sem data]

Se já não torna a eterna primavera
    Que em sonhos conheci,
O que é que o exausto coração espera
    Do que não tem em si?

Se não há mais florir de árvores feitas
    Só de alguém as sonhar,
Que coisas quer o coração perfeitas,
    Quando, e em que lugar?

Não: contentemo-nos com ter a aragem
    Que, porque existe, vem
Passar a mão sobre o alto da folhagem,
    E assim nos faz um bem.

[sem data]

© *Copyright* desta edição: Editora Martin Claret Ltda., 2022.

DIREÇÃO
Martin Claret

PRODUÇÃO EDITORIAL
Carolina Marani Lima
Mayara Zucheli

DIREÇÃO DE ARTE E CAPA
José Duarte T. de Castro

DIAGRAMAÇÃO
Giovana Quadrotti

REVISÃO
Waldir Moraes

IMPRESSÃO E ACABAMENTO
Centro Paulus de Produção

Este livro segue o novo Acordo Ortográfico da Língua Portuguesa.

Dados Internacionais de Catalogação na Publicação (CIP)
(Câmara Brasileira do Livro, SP, Brasil)

Pessoa, Fernando, 1888-1935.
　Cancioneiro / Fernando Pessoa. — São Paulo: Martin Claret, 2022.

I. Poesia portuguesa I. Título

ISBN 978-65-5910-168-9

22-104460　　　　　　　　　　　　　　　　　　CDD-B869.1

Índices para catálogo sistemático:
1. Poesia: Literatura portuguesa　B869.1
Cibele Maria Dias – Bibliotecária – CRB-8/9427

EDITORA MARTIN CLARET LTDA.
Rua Alegrete, 62 – Bairro Sumaré – CEP: 01254-010 – São Paulo, SP
Tel.: (11) 3672-8144 – www.martinclaret.com.br
Impresso – 2023

CONTINUE COM A GENTE!

- Editora Martin Claret
- editoramartinclaret
- @EdMartinClaret
- www.martinclaret.com.br